決定版

「任せ方」の教科書

部下を持ったら必ず読む「究極のリーダー論」

出口治明

角川新書

はじめに

僕はライフネット生命時代も、その前の日本生命時代も、部下から、

「出口《でぐち》さんは、愚かですね」

としばしば呆《あき》れられていました（笑）。

僕は、ライフネット生命では代表取締役社長を務めていました。言ってみれば、〝組織のトップ〟です。ですが僕の部下は、トップに気を遣いませんでした。

20代、30代の若手社員が、60代（当時）のCEOに向かって、

「出口さんは、間違っています」

「出口さん、さっきの言い方は何ですか？」

……と、遠慮なく言ってきたのです。

なぜ僕は、部下に「愚かと言わせておいた」のでしょう？

ライフネット生命に関するウェブ・コミュニケーションやPR、宣伝戦略などについて、僕は一切口を挟みませんでした。「お笑い芸人スギちゃんの『ワイルドだろぉ』の真似をしてください」と言われ、その通りにしたこともあります。

立命館アジア太平洋大学（APU）のPR活動も、広報担当者に一任しています。「世界の出口カレー」のパッケージに僕が登場することになったのは、広報担当者のアイデアでした。「世界の出口カレー」は、APUカフェテリア（学生食堂）の人気メニューであるタイカレーをレトルト化した商品です。

広報担当者から、「いついつに、福岡の天神《てんじん》にあるスタジオに来てください」とスケジュールを受け取ったので、その日、指定されたスタジオに向かいました。

撮影の詳細は聞いておらず、僕はてっきり「商品撮影でもするのだろう」と思っていたのですが、そうではありませんでした。

スタジオに、タイの民族衣装スア・プララーチャターン（男性の正装）が用意されており、僕は言われるままに、袖《そで》を通すことになったのです。

なぜ僕は、ライフネット生命でもAPUでも、「部下の言う通りにした」のでしょう？

その理由は、

「性別も年齢も国籍も、垣根を取り払うことが大事」

「多様な人材に任せることでしか、会社は成長しない」


と確信しているからです。

高い地位に就いた人間が、部下の意見を受け入れないばかりに「裸の王様」になってしまうと、組織のなかは同質化します。そして同質化した組織は、やがて、時代の変化に取り残されてしまうでしょう。

また、卑下するわけではなく、事実として「出口治明《はるあき》は、〝ちょぼちょぼ〟（関西《かんさい》弁で〝みんな一緒〟の意）の人間である」と自覚しているからです。

僕は「人間ちょぼちょぼ主義者」です。要するに、「人間の能力は、それほど高くはない」「人間には、とくに賢い人も、とくに愚かな人もいない。ちょぼちょぼである」と考えています。

人は神様になれない以上、多少の優劣や凹凸はあっても、大差はありません。社長も、部長も、一般社員も、同じように〝ちょぼちょぼ〟です。優秀な人でも、10勝0敗はありえません。

「ちょぼちょぼの自分」にできることは限られています。

何事かを成し遂げようと思っても、一人では何もできない。ビジネスを成長させるためには、他人の力を借りなければならない。人の能力も、時間も有限で、すべてを持ち合わせている人はいません。

だからこそ、任せる。だからこそ、補い合えるチームづくりが必要です。

僕は、講演先などで、たびたび、次のような質問をいただきます。

「出口さんは、典型的な大企業に在籍していたのに……、金融という堅い職業に就いていたのに……、70歳を超えているのに……、ずいぶん柔軟ですよね。どうしてですか？」

なぜなら**「どんな部下も信頼して、仕事を任せる」**ことこそ、リーダー（上司、マネージャー）の要諦《ようてい》だからです。僕はそのことを、「人・本・旅」から学びました（後述）。

「マネジメント」とは、突き詰めると「人を使うこと」です。いま、どの方向に風が吹いているか、社会がどの方向に変化しているかを見極め、変化に適した人材に「任せる」ことが、マネジメントの本質です。

では、どうやって人を使えばいいのでしょう？

どうやって人に任せればいいのでしょう？

その答えの一つが本書です。

「人をどのように使い」「どのように任せて」「どのように組み合わせて」いけば、強いチームができ上がるのか——この重要な問題を考えるヒントとして読んでいただけると幸いです。

立命館アジア太平洋大学（ＡＰＵ）学長　出口 治明

目次

第2章　デキるリーダーは常に「いい任せ方」をしている　67

第3章　「プレーイング・マネージャー」になってはいけない　109

第4章　この上司力で「チームの実力」を一気に上げる　165

編集協力　藤吉豊（クロロス）
本文図版　斎藤充（クロロス）
取材協力　立命館アジア太平洋大学（APU）

第1章

上司になったら「任せる仕組み」をつくりなさい

いい上司への一歩——マネジメント能力の限度を知る

細かく指導できるのは「部下2～3人」まで

部下の仕事を、一つひとつ丁寧に確認しようとすると、いい上司にはなれません。

部下にある程度の権限を与えて、仕事を「上手に任せる」必要があります。

その理由の一つを端的に言えば、**「人間の能力は、それほど高くはない」**からです。

ここでいう「人間」とは、部下のことではありません。上司の側のことです。

どれほど優秀な上司でも、「部下の仕事に首を突っ込もう」「一つひとつ細かく確認しよう」「積極的に手伝おう」とすると、目をかけられる部下の人数は、「2～3人」が限度です。いくら能力の高い上司でも、「4人以上」の仕事をこと細かく管理するのは、むずかしい。箸《はし》の上げ下ろしまで口を出そうと思ったら、2～3人がせいぜいです。

たとえば多くの部下を持つ上司が、**「人間の能力は、それほど高くはない」「上司の管理能力は、せいぜい部下2～3人分である」**ということがわかっていないと、チームは機能しません。

「いや、私は5人以上の部下の箸の上げ下ろしまで口を出せている」という方もいるかもしれませんが、それは、組織の健全性を保てていない可能性が高いでしょう。そのような組織は「茶坊主（権威者におもねる人）」ばかりが集まる歪《ゆが》んだ組織になってしまう可能性が高いからです。

繰り返しますが、上司が細かく管理できる部下の人数は、多くても2～3人です。それ以上の部下には目が届きません。すると、「目が届かない部下」に対しては、彼らから上がってくる報告をベースに仕事の判断をすることになります。

ですが、「部下から上がってくる報告」にばかり頼っていると、正しい判断ができないのです。部下は茶坊主となって、「上司が気に入るような報告（ゴマすりやお世辞）」しかしなくなるからです。

そんな状況に、心当たりはありませんか？

僕が日本生命にいた時代に、はじめて持った部下は、一人だけ、でした。

「手取り足取り教えなきゃいけないな」と思い、丁寧に指導をしたのですが、部下の数が2人、3人、4人、5人……と増えていくうちに、

「一人ずつ、きちんと指導するには時間が足りない。こんなんでは、飲みにも行けへんな。部下を茶坊主にはしたくないし、これは何とかせなアカンな」

と考えるようになり、僕は、「部下を細かく指導するのはやめよう」と決めました。大げさに言えば、「人間の能力の限界」が見えたからです。

そこで僕は、「広く浅く、10人を均等に見る」ように接し方を変えたというわけです。

「この10人」を見れば、1万人を統率できる

多くの部下を持つなら、「部下の仕事を一つひとつ丁寧に見よう」という考え方は捨てるべきです。部下に権限を与えて、仕事を任せるしかありません。

仕事のプロセスには細かく首を突っ込まないようにすれば、「10~15人の部下」を管理することも可能になると思います。

モンゴル軍の「1万人隊長」――いかに任せるか

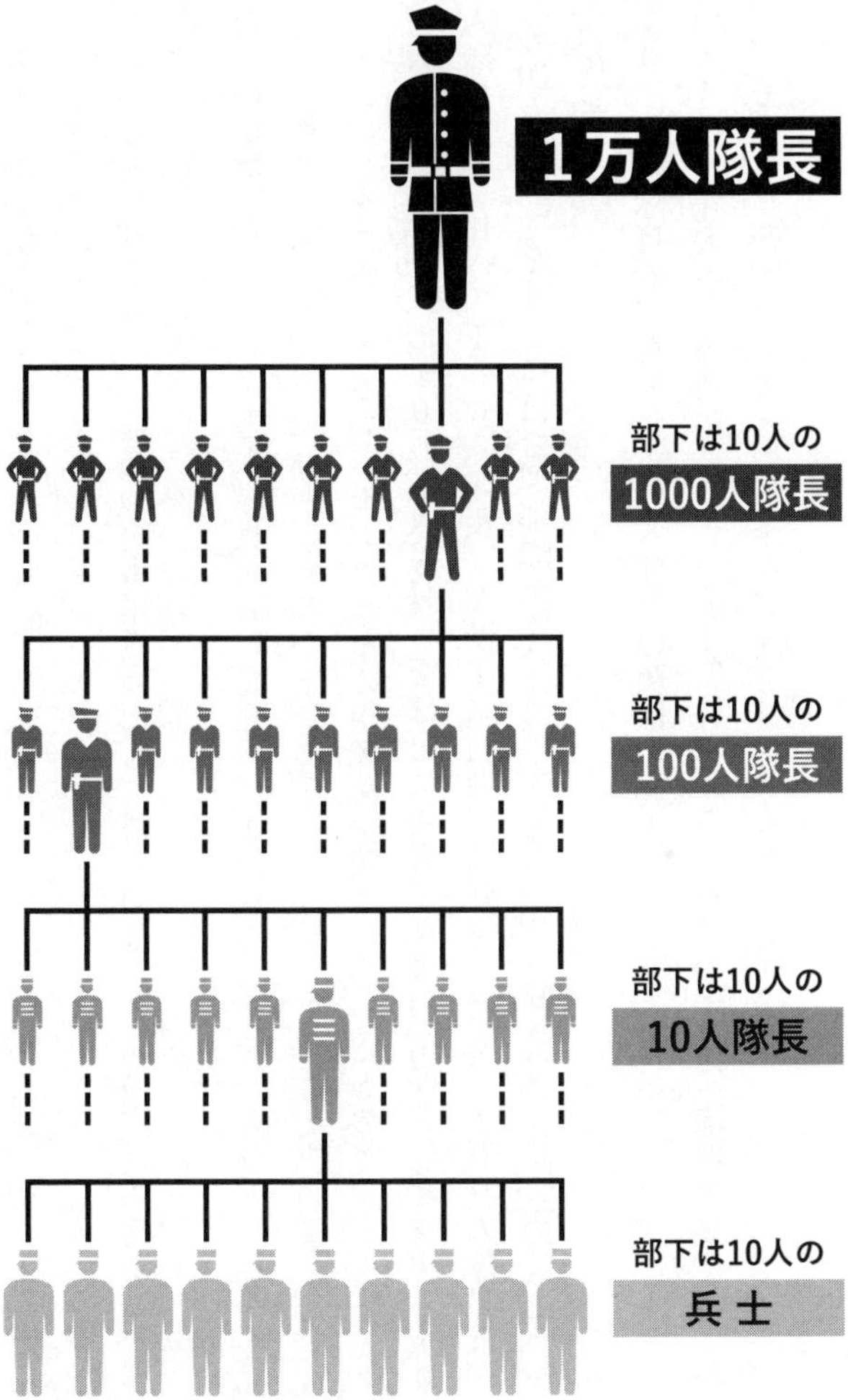

モンゴル帝国の第5代皇帝にクビライという人物がいます。僕は彼こそ、史上もっとも有能なリーダーの一人だと考えています。

彼が率いるモンゴル軍が「最強の軍事組織」になり得たのは、各隊の隊長に兵士の統率を任せていたからでしょう。

1万人の軍勢を率いる「1万人隊長」といえども、1万人の兵士を一人ひとり細かく見る能力は当然ありません。では、どうするか？

19ページの図をご覧ください。モンゴル軍の組織図を簡単に描いたものです。

1万人隊長は、「10人の1000人隊長」を部下に持ち、部隊の指揮を任せます。1000人隊長は、「10人の100人隊長」を部下に持ち、部隊を任せる。そして、100人隊長は、「10人の10人隊長」を部下に持ち、部隊を任せる。そして、10人隊長は、「10人の兵士」を部下に持つ……。

つまり、どの隊長も、管理している部下の数は「10人」です。

このように、10人を一つの単位として考えたうえで、「各隊の隊長に権限を与えた」からこそ、モンゴル帝国は1万人の兵士を楽々と統率できたのです。

100人分の成果を上げるために100人に仕事を任せる

会社はもっともっと儲けないといけない

「仕事を任せる」ことは、ビジネスを成長させるためにも、お金を稼ぐためにも非常に大切なことです。

僕は、自分のことを、あえて「成長至上論者」だと名乗っています（むしろ偽悪者として、ですが）。したがって、次のような論調には、反対です。

「GDPを追い求めるのはやめて、人間らしい生活を求めよう」
「経済的な豊かさよりも、心の豊かさを大切にしよう」
「量を増やすより、質の高い暮らしをしよう」

「国富論ではなく、幸福論を語ろう」

僕は、「企業は、もっとお金を稼ぐべき」だと考えています。その理由は、明白です。稼ぎ続けなければ借金がかさみ、「いまの生活レベル」さえ維持できないからです。

たとえば、医療・年金を見てみましょう。高齢化が進み、1年間で「1兆5000億円以上」のお金が、新たに医療・年金に使われています。国を企業にたとえてみると、来期は今期よりも「1兆5000億円以上、支出が増える」ことになります。

ということは、来期に「1兆5000億円以上の新たな収入」がなければ、会社(国)はどんどん貧しくなっていくわけです。

「GDPを追い求めるのはやめよう」と論ずる人たちは、

「いまの豊かさを維持するだけなら、これまで以上の努力は必要ない」

「東京は、都市全体がこんなにも整備されていて、キレイで、公共施設も交通網も発達して、便利で、これ以上のぜいたくはしなくていい」

などと思っているようです。

でもその考えは、大きな間違いです。

東京は、生産力が高くて、税収がたくさんあって、地域として儲《もう》かっているから、都市計画に投資ができる。東京が経済的にも成長しているから、整備されているのです。逆にいえば、**いまの豊かな生活を維持するだけでも、大変な努力が必要**なのです。

「人間的な豊かさ」を論じるのも大切ですが、だからといって「経済的な豊かさ」をないがしろにしてはいけません。企業は、もっと強くなるべきです。

では、強くなるためには、どうしたらいいでしょう？

答えは、「任せる仕組み」をつくることです。

自分一人の力だけでは、「社員１００人分の成果」を上げることはできません。１００人分の成果を上げるには、１００人の社員に仕事を任せるしかありません。

これが、組織を強くする、会社を強くする要諦《ようてい》です。

任せる仕組みが「強い会社」「強い部署」をつくる

経営は経営のプロに、業務は業務のプロに

「任せる仕組み」をつくると、どうして会社が強くなるのか。
その理由は、おもに三つあると僕は考えています。

①経営と業務執行の分離が実現する（25ページ）
②ダイバーシティ（多様性）への認識が高まる（53ページ）
③グローバル経済の変化に対応できる（61ページ）

この三つをこれから一つずつ解説していきますが、それに先立ち、前提となる話があり

ます。それは、日本経済を立ち直らせる（強い会社をつくる）には、まず「戦後の日本経済の成功体験」をきちんと総括すべきだということです。

戦後日本の経済的な復興は、特殊な要因のうえに成り立っているからです。

次項から、「どうして、日本企業は弱くなったのか」――その原因を踏まえながら「任せる仕組み」の大切さについて検証していきましょう。

任せるメリット①「経営と業務執行の分離が実現する」

経済学者・野口悠紀雄《のぐちゆきお》先生の著書『1940年体制―さらば戦時経済（増補版）』（東洋経済新報社）は、日本経済の特殊性に言及した名著です。

戦後日本の復興は、平たくいえば「統制談合経済、鎖国経済」の結果です。

為替《かわせ》レートは1ドル360円と当局が決め、経営者は為替のことすら考えないで、輸出に励んでいました。「変化を一切考えなくていい」のですから、「ラクができた」「頭を使わなくてもよかった」といえます。

為替は固定。アメリカの真似をして高度加工組み立て産業（自動車、電機、電子など）

を復興させる。外地からの引き揚げ者で人口も増える……。やがて日本経済は大きく成長します。

戦後の日本は、アメリカをロールモデルにして、アメリカの真似をして、アメリカに追いつくことが目的でした。政府（中央官庁）が国民に要求したのは「余計なことは考えず、黙って働くこと」です。アメリカで「すでに結果が出ている産業政策」を、そのまま日本に取り入れるだけですから、「考える」必要はなかったのです。

サラリーマンの所得は、どんどんアップします。経済成長に比例して、給料は10年でほぼ倍になるわけですから、誰も会社を辞めようとしません。辞めないから、年功序列賃金になります。個々の能力を査定するより、年齢に応じて賃金を上げるほうが簡単です。

人手が足りないから、青田買い（卒業予定の学生を早くから内定させる）をして、人材を確保する。確保した人材は、年功序列で賃金を上げる。勤めていれば自然と賃金が上がるから、会社を辞めない。終身雇用で定年まで働く……。

国が豊かになり続けた結果として、日本の雇用形態は「青田買い」「終身雇用」「年功序列」が慣例化します。

・活《い》きのいい人材を求め、学生を早くから採用する（青田買い）
・今の仕事が嫌いでも給料が上がるから、会社を辞めなくなる（終身雇用）
・終身雇用なら、勤続年数に応じて役職を上げるのが簡単（年功序列）

そして「歳を取った社員の中で、それなりに優秀な人」あるいは「ゴマをするのがうまい人」が社長や役員のポストに就きます。

「現場で優秀だった人が、経営に携わる」のが、日本型経営の特徴だったのです。

「名社員、名経営者にあらず」

しかし、この慣例が日本企業を弱くした一因です。「会社経営」と「現場の業務」では、まったく別の能力が必要です。

「営業成績がトップだった」からといって、経営者としても優秀だとは限りません。「名選手、名監督にあらず」は、スポーツのみならず、ビジネスの世界でも言い得て妙です。

瀕死《ひんし》のＩＢＭを立て直したルイス・ガースナーは、ＲＪＲナビスコの会長兼ＣＥＯ（最高経営責任者）だった人物です。

ビスケットを売っていたガースナーに、コンピューターがわかるわけはありません。それでもガースナーがＩＢＭを甦《よみがえ》らせることができたのは、彼が「仕事を任せた」からです。ガースナーは、経営と業務執行を分け、自分にわかること（経営）にのみ注力した。自分にはわからないこと（現場の業務執行）は他人に任せ、首を突っ込むことはありませんでした。ＩＢＭは、名選手を監督に据えるようなことはせず、すでに実績を持った「名監督を外から招聘《しょうへい》した」からこそ、立ち直ったのです。

この例一つをとってみても、社員としての優秀さと、経営者としての優秀さは、イコールではないことがわかります。

僕がＡＰＵ内に立ち上げた学長直轄のワーキンググループ（特定の問題に取り組む部会／副学長がリーダー）も、業務遂行を現場に任せる仕組みです。通常の経営目標に加え、チャレンジデザインとして、その時の課題を優先的に抽出しています。

ワーキンググループのメンバーは、「学生の進路支援（一般企業への就職にとどまらず、大学院への進学、国際機関への応募、起業を支援する）」「強固な財務基盤の確立」などのテーマに対し、現場主導の改善を進めています。

学長就任1年目は、

「新学部をはじめ将来構想を検討するプロジェクト」
「国内学生の英語能力向上のための英語教育改革のプロジェクト」
「学生の海外体験のプログラムを拡大するプロジェクト」

の三つのプロジェクトを立ち上げました。

僕は、日本生命やライフネット生命でマネジメントに携わっていたため、「生命保険」については詳しい。ですが、APUの学長に就任するまで、高等教育の現場に身を置いたことはありません。APUの職員は、当初は不可能といわれていた「学生・教員の半分が外国籍の大学」を実現した職能集団・プロ集団です。だとすれば、僕はマネジメントに徹し、現場はプロである彼らに任せるのが最善手です。

強い組織・強い会社をつくるためには、経営と業務執行を分離する。「経営は経営人材」に、「業務執行は社員」に任せる仕組みが必要です。

これは、一つの部署（チーム）単位で考えた場合にもあてはまります。「マネジメント」と「業務執行」を分離する意識が必要といえるでしょう。

実は、僕自身が創業したライフネット生命は、２０１３年から会長兼ＣＥＯ（最高経営責任者）と社長兼ＣＯＯ（最高執行責任者）を設けていました。

これも、役割と権限を明確化し、「意思決定」と「業務執行」を分離するためです。

「みんなで話し合って決める」はなぜ悪いのか？

「CEO」と「COO」の役割分担を考える

ライフネット生命が開業したのは、2008年です。

僕が代表取締役社長に、パートナーの岩瀬《いわせ》大輔《だいすけ》が代表取締役副社長に就任。メディアから「2トップ体制」と呼ばれることもありましたが、実質的には、「1トップ」だったと言えるでしょう。社長である僕が「意思決定」と「業務執行」の両方の責任を担っていたからです。

2013年6月、株主総会の日に、ライフネット生命は本当の意味で「2トップ体制」へと変わりました。

持続的な成長を目指す上で、コーポレート・ガバナンス体制（企業の経営を監視する仕組み／企業統治）の強化は不可欠です。そこで、会長兼ＣＥＯ（チーフ・エグゼクティブ・オフィサー／最高経営責任者）と、社長兼ＣＯＯ（チーフ・オペレーティング・オフィサー／最高執行責任者）を新設。会長兼ＣＥＯには僕が、社長兼ＣＯＯには岩瀬が就任し、新体制がスタートしました。経営戦略や経営方針などの意思決定は僕が管轄し、業務執行は、岩瀬に任せるかたちにしたのです。

当時、ライフネット生命では「１００年後には世界1位のグローバル保険会社になろう」というビジョンを掲げていました。グローバル企業は、ＣＥＯとＣＯＯをきちんと分けるのが定石ですから、僕たちも代表取締役二人の分担を明確にしたわけです。

・CEO……会社の「意思決定」に責任を持つ
・COO……会社の「業務執行」に責任を持つ

株主総会や取締役会で、会社の経営方針を「決める」のは、ＣＥＯ（僕）の責任。一方で、「決めたことを実際に執行する」のは、ＣＯＯ（岩瀬）の責任です。

たとえば、企業買収に失敗したら、ＣＥＯの責任になります。「あの会社を買収しよう」と方針を決めたのは、CEOだからです。

業務上でミスがあったときは、COOの責任になります。オペレーションに対して、管理が行き届かなかったからです。

このように、「意思決定」と「業務執行」の責任を分ける（つまり、業務執行はCOOに任せる）ことで、透明で一貫性のある経営ができるようになると考えています。

「決定権者が一人で決める」メリット

大学と民間企業では組織構造が異なるため、APUの学長とライフネット生命のCEOでは、行使できる権限の範囲は異なります。

ですが組織構造は違っても、トップの役割は変わりません。「方針（ビジョン）を示すこと」「決定すること」、そして「責任を取ること」です。

ライフネット生命の取締役会（2013年時点では常勤の取締役4名と社外取締役3名の、計7名で構成）は、多数決によって決議しますが、仮に議長（僕）を除く6名の意見が「3対3」で分かれたときは、CEOの僕が責任を持って決めていました。

つまり、このようなケースでは、最終的には、僕一人に意思決定の権限が託されているわけです（2022年時点で、ライフネット生命の取締役会は、議長である代表取締役社長を含む取締役9名で構成されています）。

APUは、2023年4月に、「サステイナビリティ観光学部」を新設します。学部新設の構想は、前学長の任期中に立ち上がり、僕が引き継いだかたちです。

僕が学長に就任した当時、「三つ目の学部は、観光系の学部か、国際関係に特化した学部のどちらか」に絞られていました。そこで、会議を何度か開催し、教員の役職者と課長職以上の全職員から意見を聞いた上で、最終的には僕の責任において、「観光系の学部をつくる」ことを決定しました。

観光系の学部に決めたのは、

「グローバル化が進み、国境を越えたつながりが強くなっている」
「資源の枯渇、環境汚染、気候変動といった環境問題や、地域文化の消滅、格差社会などといった地球規模の問題が深刻化している」
「経済発展を進めていく上でも、環境保全の要素をプロジェクトに取り入れたり、地域の個性を観光資源としてプロデュースする必要がある」

「サステイナビリティ学と観光学の両面から学ぶことで、地球規模の問題を解決できる」

といった背景を重視した結果です。

僕が学長に就任した当初は、一人でも反対意見を主張する人がいたら議論をし直していたため、なかなか最終決議に至りませんでした。大学運営が抱える問題の一つは、意思決定に時間がかかることです。時間をかけて話し合い、各自が持ち帰り、委員会などで何度も議論を重ねて、「みんなで決める」ことを大事にしています。

丁寧に議論を重ねることは民主的でとても大切なことです。しかし、お金と時間という大きなコストを払っているのもまた事実です。

日本人は、「みんなで話し合って（書類を確認して）、みんなで決める」（稟議《りんぎ》制）ことを好みます。ですが「みんなで決めよう」とすると、決定のスピードが損なわれます。稟議書にハンコの数が増えるほど、「誰の責任で決めたのか」があいまいになってしまうでしょう。

【稟議制のデメリット】
・意思決定に時間がかかりすぎる
・責任の所在があいまいになる

したがって、**「決定権を持つ者が、一人で決める」べき**です（後述しますが、事案によっては、決定権者以外の者に「同意権」を持たせることがあります）。

権限をハッキリさせるだけで仕事のスピードが上がる

たとえば「１００万円未満の仕事は、課長が決める」

組織という大きな枠組みに関しての話が続いてしまいますが、大事なところなので、しばらくお付き合いください。

取締役会での決定を「執行する役割」はＣＯＯにあります。とはいえ、すべての業務をＣＯＯが一人で担うのは、現実的ではありません。職責が下位の社員に権限の一部を委譲し、業務を分担する仕組みが必要です。

権限の委譲は「金額」で考えるとわかりやすいと思います。仮にですが、

・３０００万円以上の支出をともなう事案は、取締役会で決める

・1000万円以上3000万円未満なら、COOが決める
・500万円以上1000万円未満なら、担当役員が決める
・100万円以上500万円未満なら、部長が決める
・100万円未満なら、課長が決める

このように、役職に応じた限度額を決めておけば、意思決定権者が明確になるでしょう。

このとき、**決められた範囲内（権限内）であれば、職責上位者の承認は必要ありません。**

「自分一人の権限」で物事を決定できるようにすべきです。

たとえば課で使うコピー機を50万円で購入するとき、課長は部長の許可を得なくても、自分の判断で決定できるのです。

「誰が」「何を」「どこまで」決定するのか

企業は、責任の所在を明らかにするためにも、また、意思決定のスピードを速くするためにも、「権限の範囲」を社員に周知すべきです。

「誰が、何を、どこまで（いくらまで）決定できるのか」

「自分が負うべき責任は、どこまでなのか」

といった物事を決めるときのルールをハッキリさせておかないと、仕事を任せる側も、任される側も業務に注力できません。

「100万円未満は課長が決めていい」と範囲がわかっているから、課長は50万円のコピー機を自分の権限で購入できるのです。


野球でも、「サードの選手は、ここから、ここまでのエリアを責任を持って守る」「ショートは、ここからここまで」「セカンドは、ここからここまで」と守備範囲を決めているから、エラーを防げるわけです。

もし、ポジションごとの守備範囲が決まっていなかったら、選手同士が譲り合ってしまい、なんでもないフライがポテンヒットになるかもしれません。

役職ごとに「権限の範囲」を明確にする。「ここからここまでは、自分の判断で進めていい」というルールを明示しておかなければ、仕事を任せることはできません。

「協議」と「同意」はまったく違う

事案の内容によっては、決定権者が一人で決めると、都合が悪いこともあるでしょう。まわりの意見を参考にしたうえで決定をしたほうがいい場合があります。

たとえば、営業部員に配布する携帯電話の機種を決めることになったとします。営業部全員に関わる事案ですから、営業部長の好き嫌いだけで機種を選ぶわけにはいきません。実際に携帯電話を使う社員との「協議」も必要でしょう。

「協議」とは、みんなで話し合う（相談する）ことです。ただし、「みんなで話し合いをする」だけであって、「みんなで決める」ことではありません。

まわりの意見は、あくまでも参考です。最終的にどの機種を選ぶのかは、「決定権者（営業部長）が一人で決定する」のが正しい協議のあり方です。

「話し合いはするけれど、決定は一人で行う」のが協議のルールです。

たとえばライフネット生命の執行役員会は、業務執行について「協議」する場でした。

「どこまで任せるのか」権限の範囲を決めておく

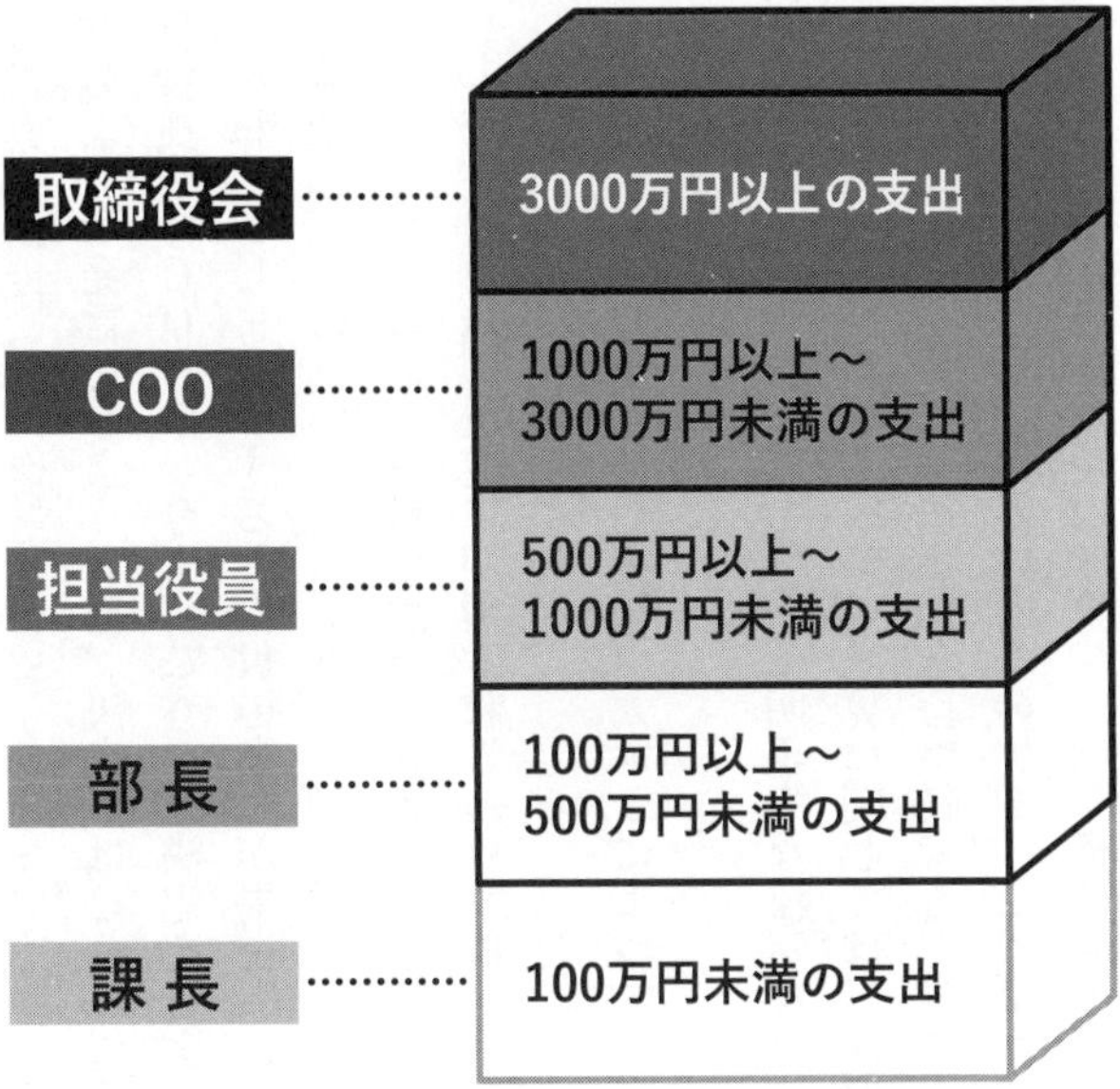

「みんなで話し合い、一人で決める」のが協議のルール

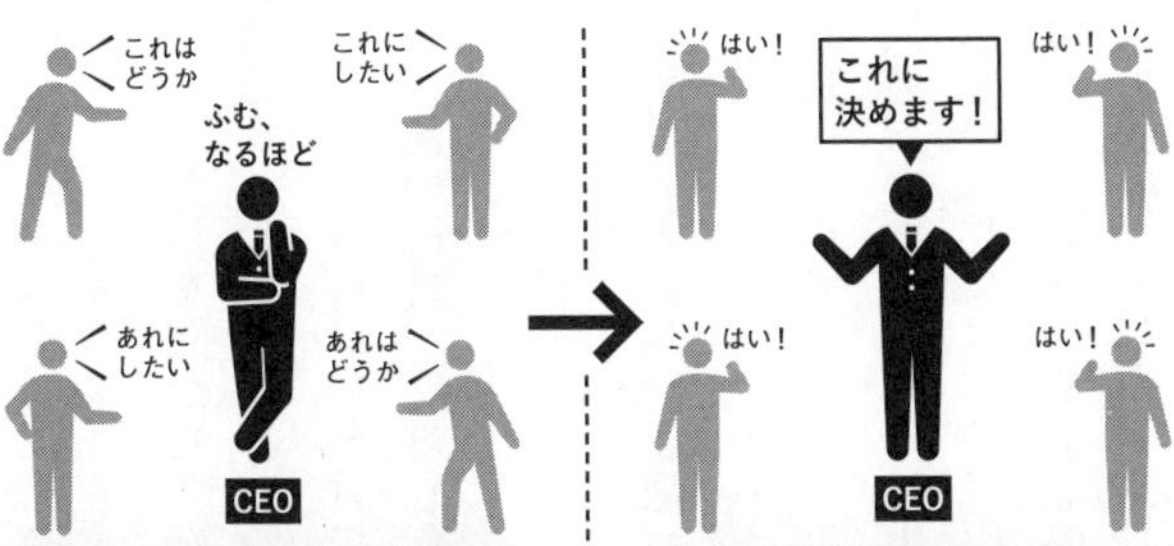
まわりの意見は、あくまでも参考
最終的な決定は「一人」で行う

当時は常勤取締役（執行役員を兼務）4名と執行役員2名によって行われていましたが、誰がどのような発言をしようとも、決定権はCOOにあります。

執行役員会でCOOが「今度、こういう決定をしようと思うので、意見を聞かせてほしい」と尋ねたとします。すると役員の多くが異を唱え「僕は反対です」と答えたとしても、一応、協議はしたのだから（話し合ったのだから）、あとはCOOが決めればいいわけです。もちろん、COOは他の役員の意見を参考にするでしょう。でも、他の役員が反対したからといって、COOの決定権が覆されるわけではありません。

とはいえ、事案の重要性や金額の大きさによっては、決定権者以外の者に「同意権」を与えておく方法があります。

同意権とは「拒否権」であり、公明正大な決定を下すために必要な権利です。

たとえば「多部門に亘《わた》る事業の予算に関しては、経理部長の同意が必要」というルールをつくっておく。すると、決定権を持つ長でも、経理部長の同意を得られなければ、仕事を進めることはできないことになるのです。このように、同意権はとても強い権能なので、乱発すると仕事が進まなくなります。同意権は「限定」することが基本です。

「課長の決定に、部長は口を出してはいけない」

あなたにはこの「権限の感覚」がありますか？

権限を与え、仕事を任せたあとの大事なルールがあります。

それは、ひとたび権限を委譲したら、**その権限は「部下の固有のもの」であり、上司といえども口を挟むことはできない**というものです。

たとえば、

「100万円以上500万円未満なら、部長が決める」

「100万円未満なら、課長が決める」

というルールを設けたとします。この場合、「100万円未満の決定権」は課長の固有のものです。職責上位の部長でも、課長の権限を脅かすことはできません。

課長が50万円でA社製のコピー機を購入することに決めたとき、部長は「オレはA社が嫌いだから、B社製を購入しろ」と課長に命じることはできません。課長の権限を取り上げて部長のものにすることはできないのです（ただし、「コピー機を買うときは、部長の同意が必要」というルールがあるのなら、部長は拒否できます）。

課長が不在のときに、部長が「決定を代行する」ことはできます。でも、課長がいるときは、課長のみが決定権者になるのです。

「部長といえども、課長が決めた決定（課長に与えられた100万円未満の決定）に口を挟むことはできない。課長の一存で決めていい」というルールをつくっておかないと、課長は安心して仕事を進めることができません。

すべての事案において、「課長が部長に相談を持ちかける」ことになれば、課長の時間も、部長の時間も奪われてしまいます。あるいは、部長に叱られたくないとの思いが先行してしまい、課長が茶坊主やゴマすり社員になりかねません。部長が気に入りそうな相談しかしなくなるからです。

課長が係長に仕事を任せるときも、係長が一般社員に仕事を任せるときも、同様の考え

上司(任せる側)が持つべき権限の感覚

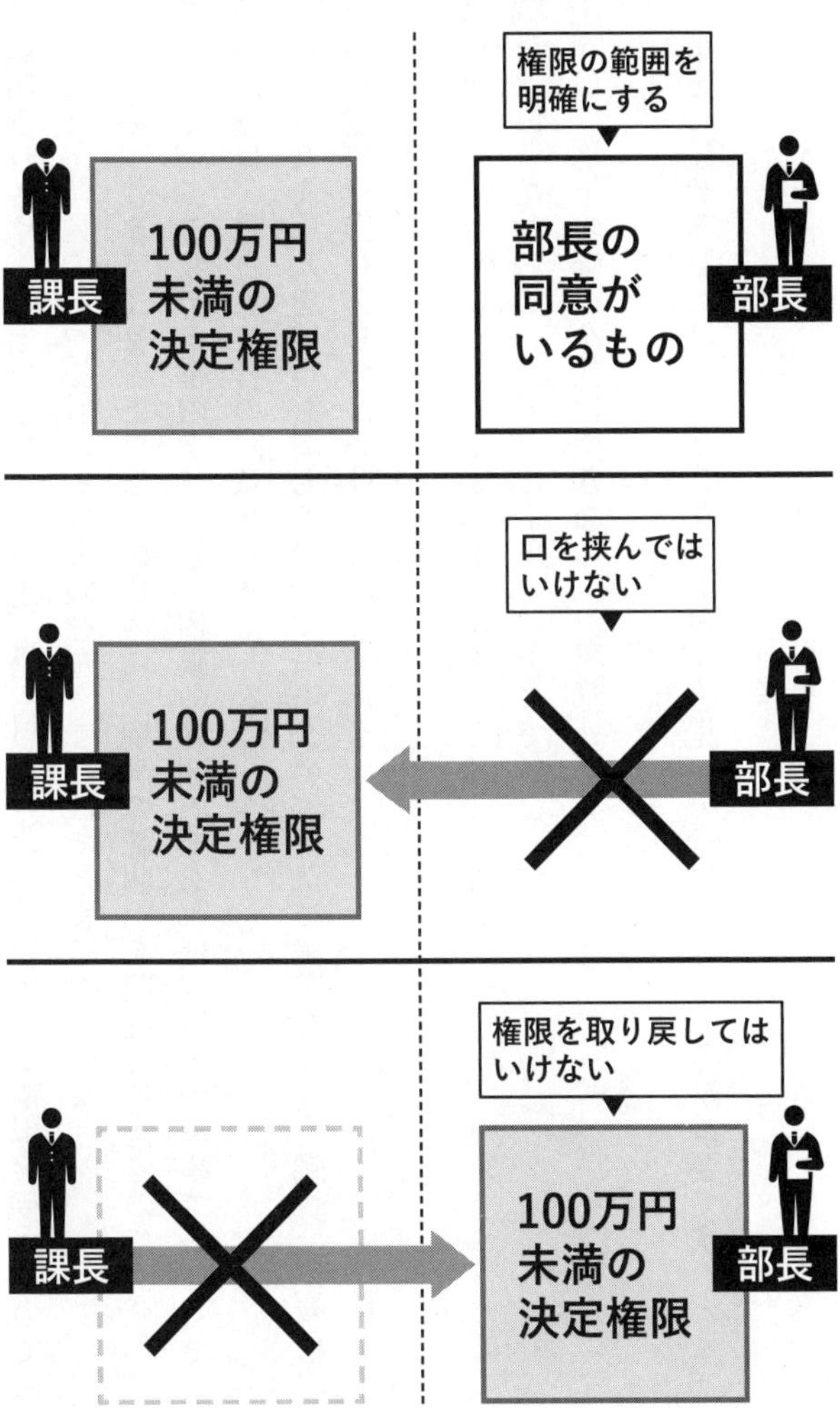

方が適用されます。「ここから、ここまでは、自分で決めていい」と権限を与えたのであれば、たとえ社長であっても、その権限を奪うことはできません。

そのため、仕事を任せるときは、はじめに「権限の範囲」を明確に伝えるのです。「ここから、ここまでの権限を与える。権限の範囲内であれば、自分で決めていい。ただしそれ以外は、職責上位者の同意が必要である」

このようなルールを開示しておくのです。そして、部下に権限を与えた職責上位者は、部下の決定に口出しをしてはいけません。

「権限は、一度与えたら、あとから取り戻すことはできない」
「職責上位者だからといって、オールマイティではない」
「上司は、部下の権限を代行できない（不在時は除く）」

仕事を「任せる側」は、こうした「権限の感覚」を身に付けることが重要です。

これからの時代にマネージャーに求められること

「毎晩飲み歩く社長が業績を上げた時代」があった

高度成長期とは、「特別なことをしなくても、年8%の成長が見込める時代」であり、「言われたことをしているだけで、成長できた時代」だったと僕は考えています。

高度成長期がどのような時代だったのか、その様子を揶揄《やゆ》する、昔どこかで聞いたジョークをご紹介します。

ある会社の社長が交替しました。新任の社長は意欲的で「会社をどんどん変えていこう」「新しい取り組みをはじめよう」と急進的な考えを持っていました。

困ったのは、秘書室長です。いまのままでも、特別なことをしなくても会社は8%の成長をしています。社長が新しい取り組みに着手すれば、成長率は2倍の16％までアップするかもしれません。でも、一歩間違えば、ゼロ％になってしまう危険性があったからです。秘書室長は「そんなリスクはとれない。8％のままでいい」と考え、秘策を練ります。その秘策とは……、「社長を毎晩、銀座《ぎんざ》のバーに連れて行くこと」です！

毎晩銀座で飲ませて、酒漬けにすれば、社長もやる気を失います。ひと晩に10万円で、365日毎晩飲んだとすれば、酒代は年間3650万円。たしかに、それなりの出費です。けれど、8％成長が続くのなら、この金額（コスト）は決して高くはなかったのです。

それほど「何もしなくても、成長できた」のが高度成長期でした。余計なことをせず、黙って働いていれば、成長できたわけです。

ところが現在は、社会構造が大きく変わっています。

「何もしなければ、ゼロ成長」です。

だとすれば、経営者（管理職）は、マネジメントについてしっかり勉強をして、社会の変化に対応していかなければなりません。

「社員としての優秀さと、経営者としての優秀さは違う」ということを知り、マネジメントはマネージャー（経営者）に、実際のプレー（業務）はプレーヤーに任せる仕組みを構築する必要があります。たとえば、労働慣行についても、「青田買い」「終身雇用」「年功序列」に縛られていては、この時代で勝ち残ることはできないのです。

歴代の経営者でもっとも優秀なのは、織田信長

過去、現在を含め、「日本人の中で、もっとも優秀な経営者は誰だと思うか」と質問されたら、僕は迷わずこの人物を挙げます。

それは、織田信長《おだのぶなが》です。

僕は、**「自分の頭で考える」ことが競争力の原点**だと考えています。その点で織田信長は、希有《けう》な才能を有していたと思います。強い競争力と、経営者視点を持った戦国武将です。

織田信長は、尾張国《おわりのくに》の戦国の雄・織田信秀《のぶひで》の子として生まれます。しかし、両親は弟をかわいがった。信長は一人、商人の集まる町・清洲《きよす》で遊びほうけ、その結果、いろいろなことを学んで「世の中のさまざまな原理を、自分の頭で考えるようになった」のではないでしょうか。

一方、徳川家康《とくがわいえやす》は、常に家臣がかしずき、今川《いまがわ》に人質になったときも家臣が周囲を固めていました。もしかしたら家康は、実際に町を歩いたことがなかったのかもしれません。リアルな世界を知っているかどうか……。これこそ、信長と家康の発想力の差なのだと僕は推測しています。

何もしなくてもよかった高度成長期であれば、流れに乗っているだけなので、家康型が適していました。ところがこれからの日本のように、ゼロ成長、マイナス成長の社会では、自分の頭で考える「信長型のリーダー」が求められています。

いままで5時間かかっていた仕事を、明日も5時間、あさっても5時間、1週間後も5時間、1カ月後も1年後も10年後も5時間かかっていたら、いつまでたっても生産性は上がりません。

生産性を上げるには、5時間を4時間に、4時間を3時間に短縮しなければなりません。そのためには、言われたことをやっているだけではいけません。

「自分の頭で必死に考えなければならない」のです。

「会社を立て直すリーダー」の条件

「自分の頭で考えるリーダー」を考えるついでに、もう一つお話ししておきます。

関連会社をいくつも抱える大きなグループ企業だと、「本社の社長になれなかった人」が関連会社の社長に就任することがよくあります。関連会社の社長のポストは「権力闘争に敗れた人の処遇のポスト」になっているのです。

本社の社長になりたかった人が、関連会社の社長で満足できるのでしょうか？

「あと一歩のところまで行ったのに、オレは本社の社長になれなかった。残念やな。この関連会社で70歳くらいまで仕事をするのか。秘書がいて、社用車で送迎してもらえて、悪くないかもしれないけど、しかし、癪《しゃく》やな」

こんな気持ちでいる社長が、その関連会社の業績を上げられるでしょうか？

無理です。

僕は、「本社の社長になれなかった人を、関連会社の社長にする」という考え方に反対です。関連会社の社長のポストは、「本社の社長になれなかった人」ではなく、むしろ「本社の社長になれそうな人」に任せるべきだと思います。

社員として優秀でも、経営者として優秀なのかはわかりません。経営者と一般の社員では、求められる役割も、能力も、視野も違うからです。

経営者を外部から招くのではなく、自社の中から選出したいのであれば、「社員として優秀な人材が、経営者としても力を発揮できるかどうか」を見極めなければなりません。

つまり、**優秀な社員に関連会社の社長を任せてみて、実績を上げることができたら、本社の取締役として呼び戻せばいい**のです。

あえて「異質な社員」に仕事を任せる切実な理由

任せるメリット②「ダイバーシティ（多様性）への認識が高まる」

「任せる仕組み」をつくると会社が強くなる理由の二つ目は「ダイバーシティ（多様性）への認識が高まる」からです。

欧米は、企業経営陣の「多様性」を推進することに熱心です。その象徴が、「女性の登用」ではないでしょうか。欧米のいくつかの国では、女性役員のクオータ制（一定数の女性役員の登用を企業に義務付ける制度）の導入が進んでいます。

近年は、スペイン、フランス、ベルギー、オランダ、カナダ、オーストラリアなどでクオータ制が法制化されています。とくにノルウェーは積極的です。一部の企業（国営企業と上場企業）を対象に「女性役員比率を40％」にすることを義務付けています。

アメリカのコンサルティング会社「GMIレーティングス」は2013年、世界各国の企業における「女性役員比率」を調査。その結果、日本企業（447社が対象）の女性役員比率は、「1・1%」で、世界最低水準（45カ国中44位）であることがわかりました。先進国の「平均11・8%」、新興国の「平均7・4%」を大きく下回っていたのです。

近年の別の調査によれば、2021年時点での日本における役員に占める女性の割合は「12・6%」に改善していますが（OECD.Stat,「Employment: Female share of seats on boards of the largest publicly listed companies」より）、それでもフランスの「45・3%」や、ドイツの「36・0%」、アメリカの「29・7%」に比べるとまだまだです。

日本企業の経営陣はまだまだ、年功序列で純粋培養された「おじさんたち」が担っています。経営陣の多様性（ダイバーシティ）の乏しさ、すなわち同質性の高さが、構造改革を遅らせていると僕は考えています。

欧米の企業が「女性役員の登用」に積極的なのは、極論すれば「消費を支えているのは、女性」だからではないでしょうか。

『ウーマン・エコノミー——世界の消費は女性が支配する』（ダイヤモンド社）の著者、M・J・シルバースタイン、K・セイヤー（ボストン・コンサルティング・グループのマーケティング・コンサルタント）は、世界40カ国、1万2000人を対象に調査を実施し、「世界の消費の64％は、女性が支配している」と結論付けています。

消費者の多くが女性ならば、消費財を生産する企業側にも女性が必要です。「年功序列で純粋培養されたおじさんたち」に、女性の気持ちがわかるとは思えません。女性社員に「任せる」ほうが、消費を伸ばすことができるはずです。

世界最大の食品会社であるネスレは、スイスの企業です。ですが、売り上げの98％は「スイス以外の国」で稼いでいます。

食品は地域に根ざしたものであるため、ネスレでは、ダイバーシティの取り組みが不可欠です。スイスの会社でありながら、取締役会の中にスイス人が数人しかいないのは、「アフリカでものを売ろうと思ったら、アフリカ人のマネージャーがいなければ判断できない」からです。

同質性にこだわると、会社が硬直化します。

女性に売るなら女性に、外国人に売るなら外国人に、若者に売るなら若者に任せる。**性別や年齢、国籍を超え、多様な人材に「任せる」**ことで、会社は強くなります。

ライフネット生命のＩＰＯ（株式公開）を仕切った企画部長は、当時32歳。彼は、とある会議が終わると僕のところにやってきて、こんなことを言いました。

「出口さん、さっきの言い方はなんですか」

「あんな言い方されると、みんなやる気をなくします」

「次回からは、こんな風な言い方をしてください」

もし、企画部長が50～60代の「おじさん」だとしたら、僕に気を遣って、彼のようには言いたいことがストレートに言えなかったはずです。「あの王様は裸だよ」「出口は間違っているよ」と指摘できるのは、ライフネット生命が当時から「女性・若者」を経営チームの中に取り込んでいたからです。

ＡＰＵの構成員である学生および教員の出身国・地域は、多様性に富んでいます。学生と教員の半数が外国籍で、多文化・多言語環境を構築。国籍数にとどまらず、文化・宗教・性別などの多様性を維持する大学です（100カ国・地域以上の学生が学ぶ多国籍環境／国際学生の占める割合は47・3％〈以上、2022年11月現在〉／外国籍の教員は49・1％／外国籍教員・および海外の大学で学位を取得した教員は、81・7％〈以上、2022年5月現在〉）。

心理的安全性の高い組織をつくる

APUも、ライフネット生命と同様に、心理的安全性の高い組織です。心理的安全性とは、「役職、地位、年齢、性別などに関係なく、自分の考えを誰に対しても安心して発言できる状態」のことです。

APUでは、多様な人材が自由な意見を交わし、さまざまアイデアを生み出し、それらのアイデアを大学政策・制度・運営につなげています。学長の僕にも迎合はせず、自らの専門性を発揮しています。

以前、APUの広告作成にあたって、学長室の広報担当から、「出口さんの考えは違うと思います」と、進言を受けたことがあります。

僕が決めていた広報案（A案）に対して、彼女は「これこれ、こういう理由で、別案（B案）のほうがふさわしいと思います。もう1回、考え直していただけますか」と主張したのです。

再検討していたところ、僕の決めていたA案のほうに問題点が見つかり、広告は「B案」で進めることになりました。広報担当者が僕と同質だったなら、別案を主張することはなかったでしょうし、もしかしたらA案の問題点への対処で大変な思いをすることになっていたかもしれません。

2022年に開催された「ニコニコ超会議2022」（「ニコニコ動画」のユーザーイベント）に、APUが「ゲームにしてみた！知の巨人　超復活祭Ver.」と称して出展したのも、「多様な職員」のアイデアです。

「RPGミニゲームをプレイして、超ご利益ガチャにチャレンジする」
「ゲームをプレイしてくれた方には、限定グッズをプレゼントする」
「悩めるあなたに授ける、知の巨人出口からのご利益シール」

ゲームの中で、僕は「主人公を助ける知の賢者」として登場。ご利益シール（いわゆるキラキラシール）のモチーフは、若き日の僕でした。日本生命時代の僕がキラキラ光るシールです。

「こんなものをもらって誰が喜ぶのか」と疑問に思っていましたが、「ニコニコ動画」のユーザー層からは、「エモい」と好評でした。

実は、僕がシールの存在を知ったのは、シールができあがったあとでした。「こういうシールをつくりたいので、よろしいでしょうか」と事前に申し出があったわけではなく、事後報告です。

事後報告でも問題がないのは、「誰が、何を、どこまで決定できるのか」を明らかにした上で権限を委譲しているからです。

イノベーションは「知識」×「考える力」の組み合わせから生み出されます。

しかし、同じような考え方、社会規範、社会制度の下で過ごしてきた者同士が集まった場合、培ってきた知識も似通ってしまいます。似通った人同士であれば、他者を理解するために「考える力」を使わなくてもいい。したがって、イノベーションは生まれにくくなります。

同質性の高いおじさんばかりで経営チームを構成すると、変化に対応できません。ボードメンバーにしても社員にしても、ダイバーシティを徹底し、多様な人材で組織を構成する。これからの企業には、「異質な社員に権限を委譲し、任せる」ことが求められているのです。

サッカーがプロレス化した時代では、これまでのルールは通用しない

任せるメリット③「グローバル経済の変化に対応できる」

「任せる仕組み」のメリットの最後は、拡大するグローバル経済と関連しています。
１９８０年代後半に起きた東西冷戦の終焉《しゅうえん》によって、日本経済は大きな影響を受けました。

冷戦の終焉で、自由経済市場でのプレーヤーの数が一気に拡大します。東西冷戦が終焉するまで、自由経済市場は「日米欧10億人の間で行われるゲーム」でした。

ところが、ベルリンの壁が崩壊し、ソ連がロシアに変わり、中国が市場を開き、その後も東南アジア、インド、アフリカが次々と参入してきました。プレーヤーの数は、10億人から50億人へ膨れ上がったわけです。

プレーヤーの数が増えると、どうなると思いますか？

ゲームのルールが変わります。

自由経済市場をサッカーにたとえてみましょう。サッカーは、「11人対11人」で行うスポーツです。では、競技場のサイズが同じまま、プレーヤーの人数が増えて「50人対50人」になったとしたら？　競技場の中には100人もの敵味方がひしめき合って、パスは通らない。おそらく、プロレスのような殴り合いになるでしょう。


サッカーがプロレス化する時代では、いままでどおりのルールは通用しません。

グローバリゼーションとは、一言でいえば、「ゲームのルールが変わったこと」を意味しています。つまり、新しいルールを覚えて、新しい人材に仕事を任せて、これまでと違った戦い方をしなければ、勝てなくなってしまうのです。

大学運営も企業経営と同じで、時代の変化に合わせた新しいルールの適用が求められています。

「18歳人口の減少」

「進学率は頭打ち」

「約４割の私立大学で定員割れ」

といった状況の中で、財政基盤を整備するには、

「海外の大学をM&Aする」

「海外に分校をつくる」

「留学生を受け入れる」

といったグローバル化が不可避です。

日本国内の若年人口は明らかに減っています。ですが、世界の人口は増えていて中産階級も増加している。だとすれば、世界に目を向けたルールづくりが必要です。


ゲームのルールが変わると、市場ごとに製品やサービスに求められるスペックも変わります。

たとえば、新興国市場で求められる家電商品のスペックは、「基本的な性能を満たすこと」「安い価格帯で手に入りやすいこと」「壊れにくいこと」でしょう。

新興国で「高付加価値・高価格の商品」をそのまま売るのは、サッカー場がプロレス化しているにもかかわらず、キレイなパスサッカーをするのと同じです。まったく通用せず

に、殴り倒されるに決まっています。

パスがうまい選手ばかり集めたところで（同質の選手ばかり集めたところで）、プロレスでは勝てません。

プロレス化したサッカー場で相手を負かすには、ダイバーシティを取り入れ「プロレスラー」を採用すること。サッカー選手をベンチに下げて、プロレスラーを投入しなければ、新しくなった市場のルールには対応できないのです。

「任せる仕組み」の3つのメリット

1 経営と業務執行の分離が実現する

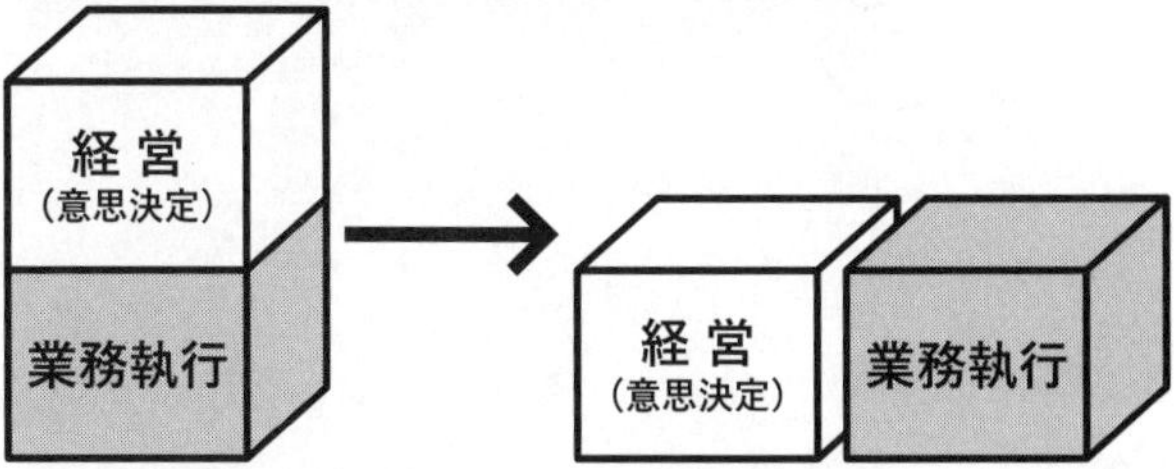

2 ダイバーシティ（多様性）への認識が高まる

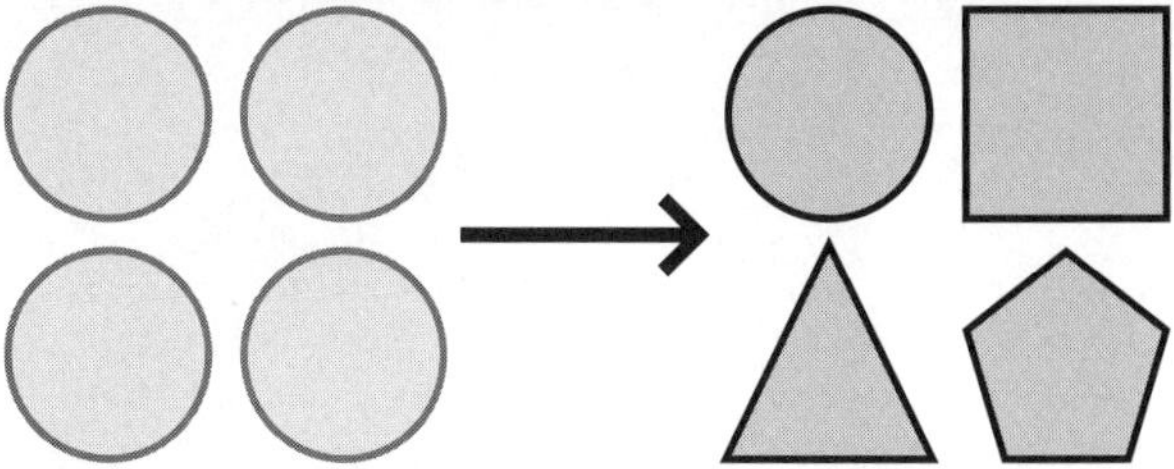

3 グローバル経済の変化に対応できる

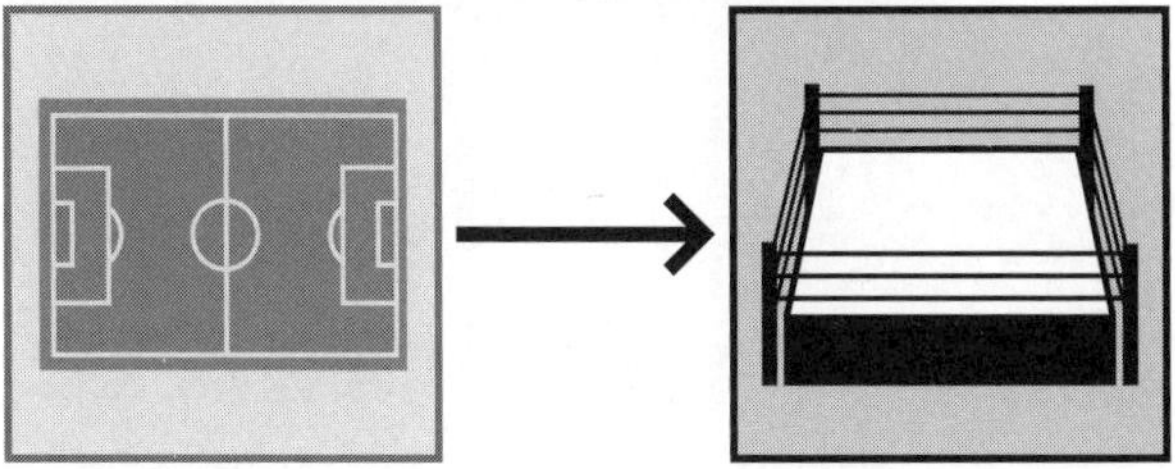

第2章

デキるリーダーは常に「いい任せ方」をしている

権限の範囲を示さない振り方を「丸投げ」という

部下の視野を広げる「仕事の振り方」がある

権限の感覚（43ページ）を持たない上司は、「任せる」（権限の委譲）と「丸投げ」の違いがわかっていません。

「任せる」も「丸投げ」も、誰かに仕事を振ることに変わりはありませんが、その振り方には大きな違いがあります。

・丸投げ……指示があいまい。「何でもいいから、適当にやっておいてくれ」
・任せる……指示が明確。権限の範囲が明確。「君にはこういう権限を与えるので、こういう結果を出してほしい」

「任せる」とは、「権限の範囲を明確にしたうえで、的確な指示を与えること」です。
具体的に見てみましょう。

【任せ方のパターン例】

パターン①「権限の範囲内で、好きなようにやらせる」

例：「○○に関するプレゼンテーション資料を君につくってほしい。こちらからは口は出さないので、権限の範囲内であれば、好きなように資料をまとめてもらってかまわない」

パターン②「仕事の一部分・パーツを任せる」

例：「○○に関するプレゼンテーション資料をつくっているのだが、○○に関するデータが不足している。この部分のデータを集めてほしい。資料をまとめるのはこちらでやるので、君がやるのは、データを見つけてくることだ」

パターン③「上司の仕事を代行させる」

例：「〇日後にプレゼンテーションがある。本来は部長の私が説明をするのだが、今回は私の代役として、君にスピーカーを担当してもらう」

①の任せ方は「好きなようにやらせ、上司は口を出さない」わけですから、丸投げと同じではないかと思えるかもしれません。

ですが、「こちらからは口は出さないので、好きなようにやってもいい」との指示を明確に出しているのですから、丸投げではありません。

②の任せ方は、「ビジネスラインの一工程を任せる」「作業の一部分だけを任せる」やり方です。

③の任せ方は、部下の視野を広げる一助となります。「一段高い仕事」を任せるようにすると、部下の視野が広がります。上司の代役を任せれば、部下は、自分が部長や課長になったつもりで考えるようになるでしょう。

ビルの1階からでは見えなかった景色が、階が上がるほど視野が広がって、遠くまで見えるようになる。それと同じです。

仕事の任せ方のパターン例

1 権限の範囲内で、好きなようにやらせる

すべて好きなように
やってほしい
はい！

2 仕事の一部分・パーツを任せる

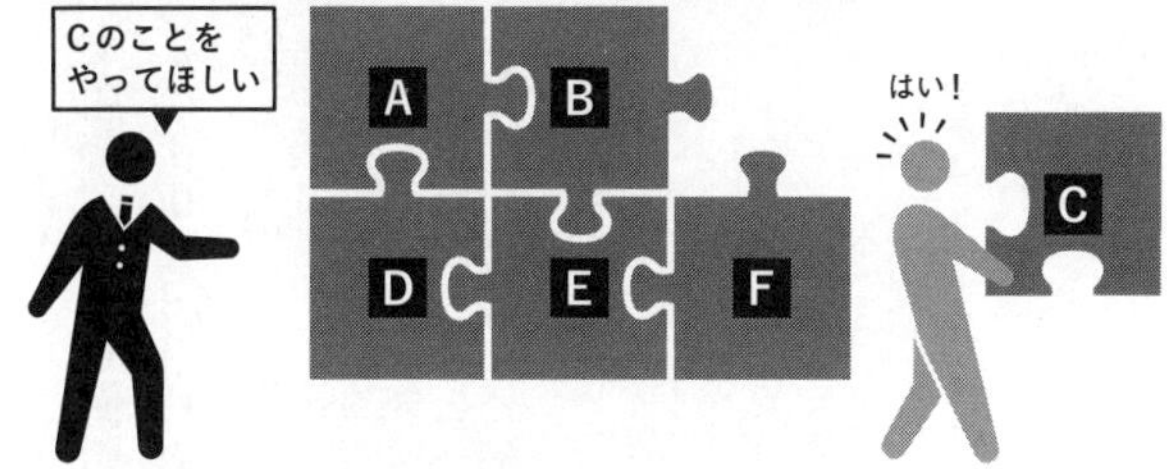
Cのことを
やってほしい
A
B
D
E
F
はい！
C

3 上司の仕事を代行させる

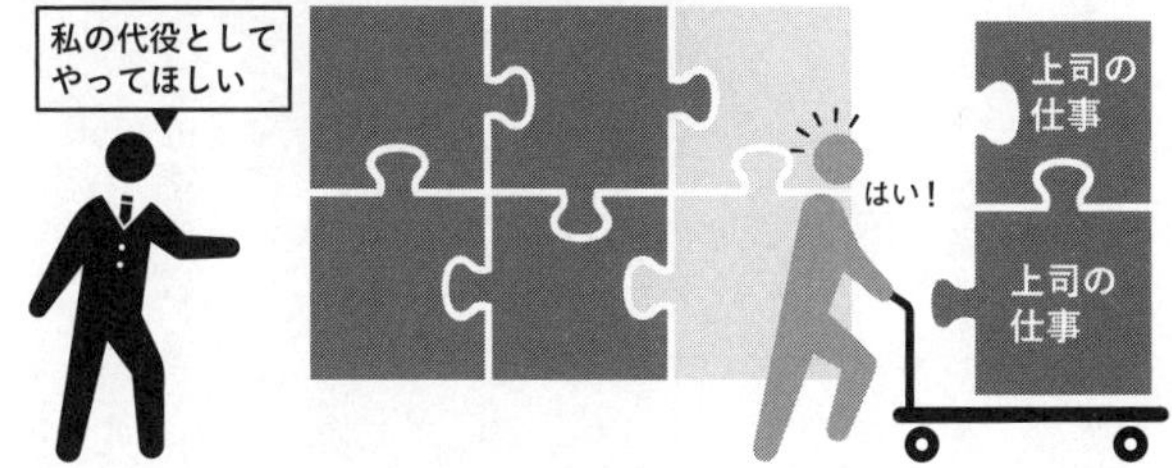
私の代役として
やってほしい
はい！
上司の
仕事
上司の
仕事

僕は、日本生命時代、小さなロンドン支店で、500億円の証券運用を任されていました。在任期間3年で、その他に、また、2000億円のお金を新たに貸し付けました。責任は重大。当然ですが、「本当に回収できるのか」を必死になって考えます。

こんなときはプレッシャーを感じて苦しくなることもあるかもしれませんが、この経験は、その後の僕の糧になっていると思います。

大きな仕事を任されると、責任も重くなる。否応《いやおう》なしに階段を上がることになる。その結果、「自動的に視野が広くなる」のです。

指示は徹底して「具体的、かつ的確」に出す

労務管理とは「部下に権限を与え、具体的かつ的確な指示を出す」こと

上司がすべき〝労務管理〟とは、「部下に権限を与えたうえで、的確な指示を出すこと」です。部下に権限を与えても、上司の指示があいまいであれば、成果を上げることはできません。極端な話、営業部の上司が部下に対して、「東京都内ならどこでもいいから、適当に行って、適当に売ってこい」と指示したところで、部下は困惑するだけでしょう。指示が「適当」だからです。

上司は、「部下が困らないように、具体的かつ的確な指示を出す」必要があります。営業部員が10人いるのなら、

「23区を江戸川区《えどがわ》と荒川区《あらかわ》、港区《みなと》と渋谷区《しぶや》、世田谷区《せたがや》と新宿区《しんじゅく》、北区《きた》と足立区《あだち》……と10のエリアに分けた。誰がどのエリアを担当するかは、くじ引きで決める」

「売り方は各自に任せるので、担当エリアごとに月100万円の売り上げを上げること」

「扱う商品は、これ」

「報告は、1カ月後でいい」

と指示を与えておけば、「どこに行って、何を、いつまでに、どれだけ売ればいいのか」が明確になるので、部下は動きやすくなります。

「こうしてほしい」という要望を最初に伝えておく

たとえば、APUの広報資料をつくるとき、僕は広報の担当者に対して、「この要素は絶対に入れてください。それ以外はお任せします」「メッセージの骨子は、こうです。見せ方や表現方法はお任せします」といった指示を出すようにしています。

「サステイナビリティ観光学部の新設にあたっては、『第2の開学』というキーワードを入れてください」

「『在籍学生の出身国数は103カ国・地域となり、2000年の開学以来、はじめて100を超えた』ことを明記してください」

「『APUは小さな地球、若者の国連である』ということを訴求してください」

「入学式の祝辞は、『世界に平和な1日が、一刻も早く訪れることを祈っています』という一文で締めます」

「『APUは国連諸機関でのキャリア形成にもつながっており、現在、約30人の卒業生が国連の機関で働いている』ことを打ち出したい」

このように指示を出しておけば、権限の範囲が明確になります。


僕はライフネット生命時代も、APUの学長になった現在も、はがきサイズの「大きな名刺」を使っています。

これは「大きな名刺」であると同時に、「小さなパンフレット」であり、APUがどのような大学かを数字と図で説明する「マニュアル」でもあります。

この大きな名刺をつくるにあたり、僕は学長室の担当者に、

「内ポケットからすぐに出せる大きさにしてほしい」

「ポケットから取り出しやすいよう、角丸加工（角が丸くなっているもの）にしてほしい」

「APUのランキングや認証（THE世界大学ランキング、国際認証AACSB取得、国際認証TedQual取得）は入れてほしい」

「国際学生の割合、出身国・地域数、学生の数、海外協定大学機関数、国内学生就職率、開学以来の入学者の出身国・地域数など、APUを示す数字を入れてほしい」

と要望を伝え、一方で、デザインやデータの表記のしかたについては口を挟みませんでした。

学長の僕が何も指示を出さなければ、職員はどのような資料を、どのようなデザインでつくればいいのかわからないため、戸惑います。ですが僕が、「ここはこうしてほしい。けれど、それ以外は任せます」と権限の範囲を明確にしておけば、職員は戸惑うことがありません。

的確な指示は「双方向のコミュニケーション」

上司は、「部下が動きやすい指示」を与えなければなりません。

APUの「大きな名刺」

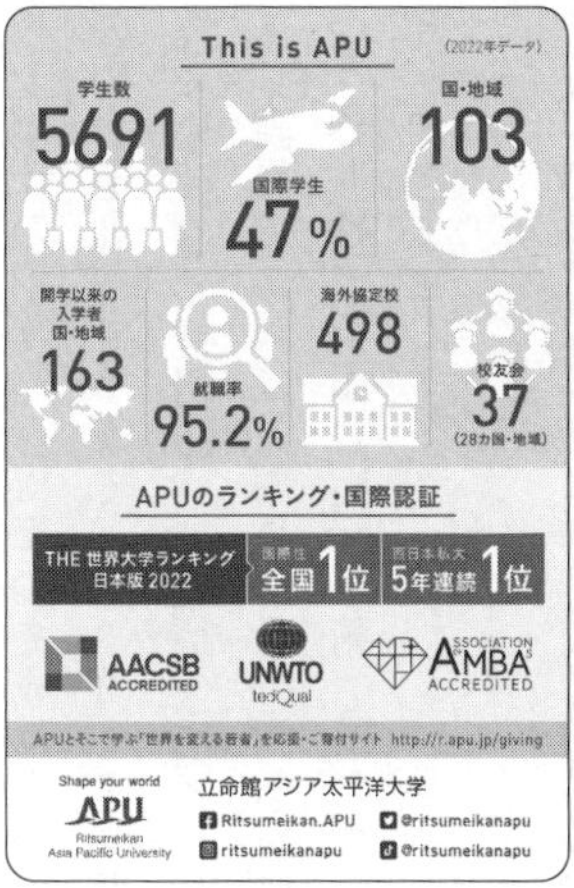

ただし、明確な指示を与えたつもりでも、部下には伝わらないことがあるので注意が必要です。

口頭での指示が苦手で、部下に指示を明確に伝える自信がないという上司も多いようですが、それならば「メモやメールで指示を出し、文書に残す」「伝えたあとで部下に復唱させる」などして、情報の食い違いを防ぐことが大切です。

一方で、指示を受けた部下にも守るべきことがあります。それは、「腑《ふ》に落ちるまで内容を確認する」ことです。

「的確な指示」とは、双方向のコミュニケーションです。「上司から部下」への一方通行ではなく、「上司から部下、部下から上司」の相互通行によって成り立つのです。上司の指示がわからなければ、部下は指示の内容を理解するまで、聞き直す必要があります。

とくに中間層の社員は、「上司から受けた指示を、さらに部下に伝えるポジション」にいます。課長であれば、部長からの指示を係長に伝えるポジションになります。

ということは、上司の指示が腑に落ちていなければ、部下に対して「的確な指示」を出すことができません。

なぜ「重大事故」が「何もなかった」ことになるか

現場で大きなトラブルが起こったとします。大企業でよく言われているケースでは、課長には、「大きな事故が起きたけれど、現場で対処できる」と伝わります。部長には「現場で事故があったが、それほど大事には至らなかった」と伝わります。

役員には「現場で些細《ささい》な何かがあったが、すでに解決済み」と伝わり、社長には「今日は、何も、変わったことはない」と伝わります。

大きなトラブルがあったのに、社長の耳に届く頃には「何もなかった」ことになってしまう――これではまるで「伝言ゲーム」（列の先頭から、耳打ちして言葉を伝えていく遊び）です。人を介するほど不確実性が増すようでは、権限を委譲することはできません。

・指示を出す側………「部下が動きやすいように、具体的かつ的確な指示を出す」
・指示を受ける側……「指示の内容を理解できるまで聞き直す。偽りのない報告をする」

上司と部下の間に「双方向のコミュニケーション」が成立しなければ、「仕事を任せる」ことも、「仕事を任される」こともむずかしいでしょう。

指示の内容がクリアになっているから部下は動けるわけですし、部下からの報告に偽りがないからこそ、上司は正しい判断ができるのです。

「判断のルール」をつくると部下の迷いが一切なくなる

仕事が「スムーズに進む」ルール

ある団体から、僕の秘書のもとに「出口学長に講演をお願いしたい」という連絡があったとします。

このとき秘書は、「講演をお引き受けするか、しないのか」を僕にいちいち確認せずに、秘書自身の判断で決めています。僕が秘書に「講演の対応」を任せているからです。

「講演の対応」を任せるにあたっては、秘書が判断に迷わないように「ルール」を伝えています。秘書はルールに則《のっと》って判断をすればいいので、間違いがありません。

【僕の講演に関するルール・例】

・僕のスケジュールは組織内ネットワーク上に公開してあるので、だれでも、自由に確認・閲覧していい
・スケジュールが空いていれば、僕の許可がなくても講演（のみならずどんな予定でも）を入れていい
・講演内容（テーマ）にはこだわらない。条件は原則として「聴講者10人以上」のみ
・いつ、どんな講演の予定を入れられても、僕は「嫌だ」とは絶対に言わない（現在、闘病中であるため、講演はお断りしています）

出版や取材のご依頼をいただいたときも、「いつ、どの出版社の、どの企画を優先的に進めるか」については、学長室が決めています。

「APUの知名度を上げること」「APUのレピュテーション（信用、評価のこと）を高めること」を重視するという基準（ルール）を明確にしているため、任された側も迷わずに優先順位を決めることが可能です。

ルールから「誤解の余地」を排除しよう

ライフネット生命の創業にあたって、僕と岩瀬が掲げた経営方針は、

「真っ正直に経営する」

「わかりやすくする」

「安くする」

「便利にする」

という4項目だけでした。しかし、これらの言葉は抽象的なので、「どのように解釈していいのか」がわかりにくい面を持っています。そこで、経営方針を具体的に書き下ろしたのがマニフェストです（全24項目あります）。


マニフェストは、「ライフネット生命の憲法であり最高位のルール」です。たとえば、ライフネット生命は、2013年当時に社員の採用に関して、

「私たちの会社は、学歴フリー、年齢フリー、国籍フリーで人材を採用する」

と明示しています（生命保険マニフェスト　第1章　私たちの行動指針）。

ライフネット生命の人事担当者が、60歳を超えた人でも採用できるのは、「年齢を聞く必要がない。何歳でも採用していい」ことがクリアになっているからです。

ですが、マニフェストに「高齢者でも採用する」とあいまいに書いてあったら、人事担当者は迷うでしょう。「はたして60歳は、高齢者なのか。高齢者とは、何歳以上のことをいうのか」がわからないからです。

おそらく担当者は「60歳が高齢者に含まれるのか、出口さんに聞いてみないとわからないな。勝手に採用してあとで怒られてはかなわない」と考え、僕に確認しようとしたはずです。でもこれでは、与えられた権限を発揮したことにはならないし、時間がムダになるだけです。

マニフェストが「具体的」であるからこそ、社員はマニフェストを行動の拠《よ》り所にできるのです。

ルールをつくるときは、あいまいさや、誤解の余地がないようにする。部下を迷わせないためにも、「ルールを具体的にしておく」ことが大切です。

報告・連絡・相談は「上司が部下に行う」もの

ホウレンソウをしてくる部下はゴマすり部下

仕事を円滑に進めるためには、いわゆる「ホウレンソウ」を欠かしてはいけないと考えられています。つまり、次の三つです。

・上司からの指示や命令に対して、部下が経過や結果を「報告」する
・大切な情報があれば、関係者に「連絡」をして、共有する
・判断に迷ったときは、上司に「相談」する

これらの「報告」「連絡」「相談」のそれぞれ一文字目を取って「ホウレンソウ」です。「ホウレンソウ」は、一般的に、「部下が上司に対して行うもの」だと説かれていますが、僕は、**「上司こそ、部下に対して積極的に『ホウレンソウ』をする」**ことをお勧めしてい

ます。

そもそも、部下にとって上司は「うっとうしい存在」です。うっとうしい上司に向かって、自発的に「ホウレンソウ」をしたい部下がたくさんいるとは思えません。いたとしても、それは「ゴマすり」の可能性が高い気がします。

僕が日本生命で企画セクションにいたとき、いつも走って「ホウレンソウ」をしにくる若手社員がいました。仮にAくんとしましょう。Aくんは僕の直属ではなかったのですが、企画セクションは、他部門の若手社員に仕事を依頼することもありました。

自分の部下（Bくん）と飲みに行ったときのことです。僕が、

「どこどこ部のAくんという社員は、なかなか見どころがある。オレが仕事を頼むと、いつも走ってくる」

と言うと、Bくんは次のように答えました。

「出口さんは、なんでそんなに愚かなんですか。彼がどうして走ってくるのかといえば、出口さんに気に入られたいからですよ。『きっと、このおっさんは偉くなる』と思っているから、走ってくるんですよ。相手が出口さんだからであって、僕らが仕事を頼んでも、何もしてくれませんからね、Aくんは」

Bくんに指摘を受けてから、僕はAくんの言動をできるだけ注意深く、かつていねいに見るようになりました。たしかにAくんは「僕にゴマをすっていた」のです。当時の僕は愚かで、人を見る目が甘かったのだと思います。同時に、人はよほど気をつけないと「ゴマすりには勝てない」ということも学びました。

若い社員にしてみれば、上司はうっとうしい。そんなうっとうしい上司に「ご注進、ご注進」とすり寄って来る人間は、ゴマすりに違いありません。

そのことに気がつかず「あいつはなかなか可愛いヤツや。よしよし、言うことを聞いてやろう」と考えたとたん、正しい判断ができなくなります。

トップから率先してコミュニケーションを取りにいく

部下とのコミュニケーションを円滑にしたいなら、「向こうから来るのを待つ」のではなく、こちらから現場に出向いていきましょう。

ライフネット生命時代、僕は日頃からオフィスをぶらぶら歩き、社員たちの顔色を見ていました。元気そうに見える社員は、問題ありません。けれど、表情がすぐれない社員がいたら、まず「どうした？」とひと声かけるようにしていました。そこから「ホウレンソウ」が始まるのです。

僕が、ライフネット生命とＡＰＵで、「さん付け呼称」を提案したのも、コミュニケーションを円滑にするためです。さん付け呼称はお互いの心理的距離感を縮めるため、フラットな人間関係を構築できます。社内や学内の風通しが良くなれば、「ホウレンソウ」による情報共有も進みやすくなります。

部下をよく観察し、タイミングを見計らって声をかける。部下に対する「ホウレンソウ」を習慣にすれば、部下の状況が把握しやすくなります。

学長室のドアを開放している理由

僕は「Ｏｎｅ　ＡＰＵ」を掲げ、教職員も学生も、一丸となることを目指しています。学長室のドアを開放しているのも、ＡＰＵカフェテリアで学生や教職員と食事をするのも、彼らと交流を図るためです。

教職員や学生など、大学のステークホルダー（利害関係者）の意見や考えがわからなければ、大学運営は不可能です。

「学長室のドアは開けておくから、いつでも遊びにおいで」と言い続けていたら、年間400人前後の学生が遊びに来るようになりました。

2018年7月に「APU起業部」（通称出口塾／起業家を目指す学生たちを世界に送り出す実践的な課外プログラム）を発足させたのも、学生とのコミュニケーションを通して、「学生のニーズは就活だけではない」「シリコンバレーのように起業したいという熱い思いを持つ学生が多い」ということがわかったからです。

「ホウレンソウ」を徹底するには、上司の側から働きかけること。意図的に、積極的に現場と接する機会をつくることが大切です。

「期限」と「優先順位」をハッキリ伝える

的確な指示を出すための四つの条件

上司が部下に指示を出すときは、次の四つを明確に示すべきです。この四つを明らかにしてこそ、指示は的確に伝わるようになります。

【的確な指示を出すための四つの条件】
・条件①「期限」を示す
・条件②「優先順位」を示す
・条件③「目的・背景」を示す
・条件④「レベル」を示す

条件①「期限」を示す

「いつまでにやらなければいけないのか」、仕事の期限（時間）を示しましょう。急いでやる仕事なのか、それともゆっくり時間をかけていい仕事なのかを、部下に理解させる必要があります。

ただし、人間は忘れっぽい動物なので、「この仕事は、いつまでにやってほしい」と期限を示したとしても、部下が忘れてしまうこともあります。ですから、途中で、進捗《しんちょく》状況を確認したほうがいい。

たとえば、相手に与えた期間が1週間だとしたら、4日目あたりに「締め切りまで半分を過ぎたけど、順調に進んでいるよね」とフォロー（催促）を入れることが大切です。

一方で、任せた側も、「誰に、どんな仕事を任せたのか」を忘れてしまうことがありますから、手帳などに「誰に、何を頼んだか。締め切りはいつか。催促はいつするか」を書き込んでおきましょう（僕はカレンダーに書き込んでいます）。

条件②「優先順位」を示す

「期限」を示して（条件①）「いつまでに終わらせてほしい」と指示を出したとします。ところが、部下がほかの仕事を抱えている場合は、仕事量が増えてしまい、期日を守れないことも考えられます。

そこで上司は、「任せた仕事」と「部下がすでに持っている仕事」を比べて、「これが1番、これが2番、これが3番……」と優先順位を示してあげる。**優先順位をつけて、「任せる仕事」の時間枠を取る**ことが大事です。

優先順位は「時間の順位」のほかに「価値の順位」も含まれます。価値とは、「与えた仕事の中で、もっとも重視する要素」のことです。

たとえばライフネット生命のウェブサイトをつくったときのことです。

僕には、ウェブサイトの細かなつくり方はわかりません。当然、「わかる人」「つくれる人」に任せることになります。

僕は、ウェブサイトの担当者を呼んで、「価値の順位」を伝えました。「ウェブサイトをつくるうえで、僕が何を重視しているのか」を「1番目から3番目」まで、順位をつけて示したのです。
・1番目　使いやすさ（最優先）
・2番目　わかりやすさ
・3番目　SEO（検索エンジン最適化）対策

仕事を任せるときに、

「このプロジェクトで大切なのは、Aと、Bと、C」

と指示を出す上司はたくさんいます。

でもこれは、価値を列挙しただけで、「明確な指示を出した」とはいえません。部下は、Aと、Bと、Cの「どれをいちばん大切にしたらいいのか」がわからず、迷ってしまうでしょう。僕だったら、次のように指示を出します。

「このプロジェクトでは、Aと、Bと、Cを大切にしている。もっとも優先すべきなのは、A。2番目はB。3番目はC。判断に迷ったら、Aを最優先するように」

このように順位をつけて伝えておけば、担当者は迷いません（ただし、あまり細かく順位をつけると相手の自由度を奪うので、1番目から3番目までぐらいでよいと思います）。

仕事の「背景」と「要求レベル」をハッキリ伝える

「なぜ、その仕事をする？」「どのくらいのレベルを求めている？」

条件③「目的・背景」を示す

たとえば、上司Ａが「社内ベンチャー」に関するプレゼン資料を作成中だとします。

上司Ａは、部下Ｂを呼んで「この部分のデータが足りないから、探してくるように」と指示を出すことにしました（任せ方のパターン②）。このとき上司Ａは、「どんなデータが足りないのか」「どんなデータを見つけてほしいのか」といった部分的な説明とともに、プレゼンテーションに関する全体像（目的と背景）を部下Ｂに伝える必要があります。

「プレゼンの目的は何か」

「どういう資料をつくろうとしているのか」

「どこに提出する資料なのか」

上司は「わざわざ全体の話をしなくても、必要な部分（自分が求めているデータ）の説明だけで十分だろう」と考えがちですが、そんなことはありません。全体像がわかっていないと、部下Bは、適切なデータを見つけることができません。

前述した「任せ方のパターン例」の②「仕事の一部分・パーツを任せる」（69ページ）ときでさえ、「目的と背景」（仕事の全体像）をしっかり示すべきです。

「社内を活性化するには、社内ベンチャーを積極的に起こすことが必要だと考え、そのための資料をつくっている。○月○日の取締役会に、この資料を提出する予定だ。資料の中に、社内ベンチャーの収益性に関する統計を入れたい。そのためのデータを探してほしい」

と全体像を説明しておく。すると、上司Aが望んだ統計が見つからなかったとしても、「それならば、代わりにこのデータはどうだろう？　社内ベンチャーの収益性の高さを証明できるのではないか」と部下Bは自分なりに判断し、動くことができます。

ですが、「目的と背景」を説明しておかないと、仕事の全貌《ぜんぼう》が伝わりません。部下Bは、言われたことしかできなくなります。データが見つからなければ、「見つかりませんでし

的確な指示を出すための４つの条件

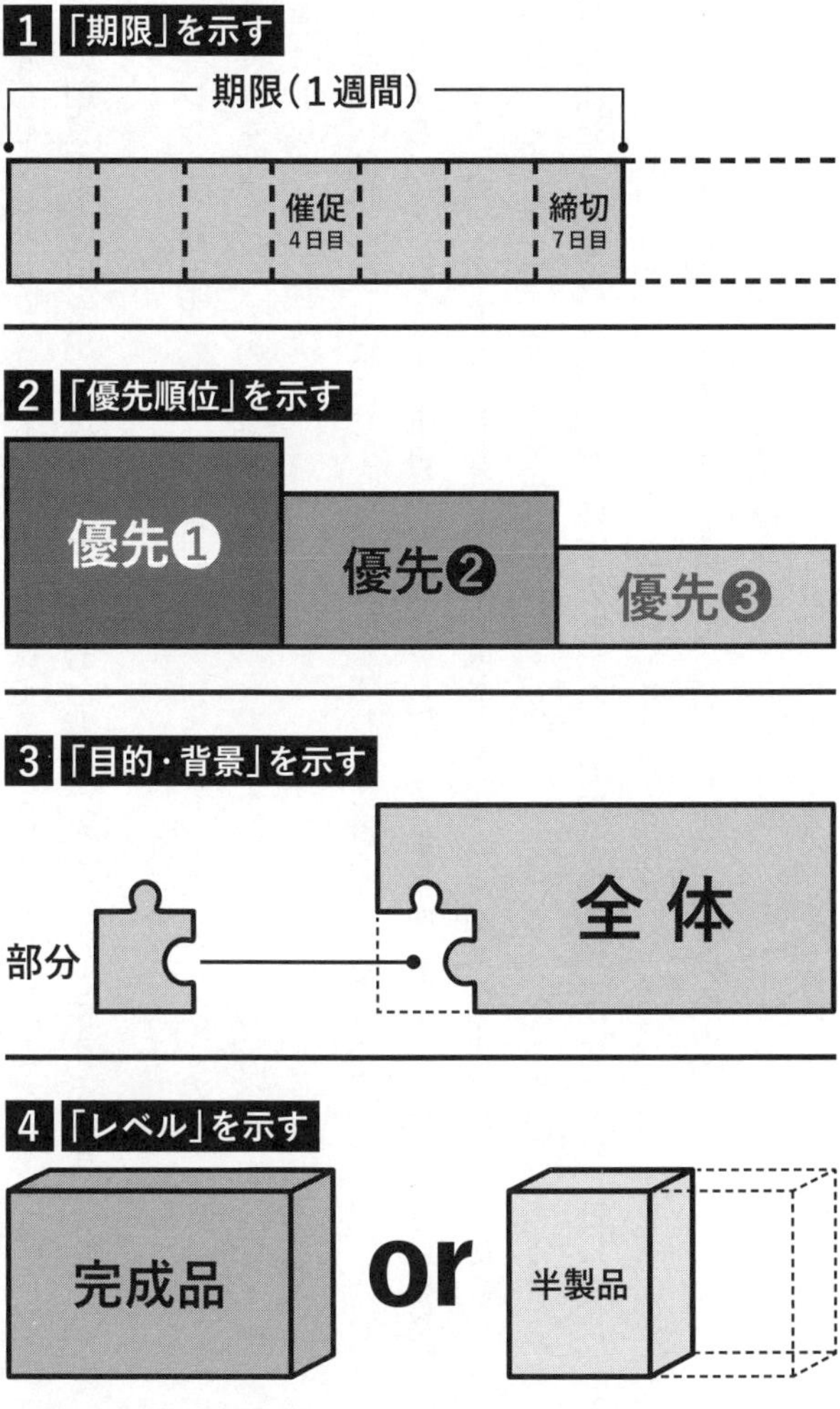

た」と報告して終わり。「代わりのデータを探そう」という発想は持たないでしょう。

部下の創意工夫を引き出すためにも、「目的と背景」をきちんと伝えるべきです。

条件④「レベル」を示す

「完成品」を望んでいるのか「半製品」を望んでいるのか、仕事のレベル（質のレベル）を明確に示します。

たとえば、部長が課長にスピーチの原稿を代わりに書かせる場合に、「あとで自分でも手直しをするので、ひとまず下書きをしてほしい」（＝半製品）のか、「書いてもらった原稿をそのまま読む。手直しはしない」（＝完成品）のか、「求める仕事のレベル」によって、部下の対応も変わってくるはずです。

仕事を任せるときは、**「時間も、部下の能力も、有限である」**ことを忘れてはいけません。上司は、有限性の認識をきちんと持つこと。仕事を任せるときは、「時間を示し、優先順位を決めて、どの程度のレベルを求めているのか」をハッキリさせる必要があります。

仕事を任せるときは、「責任」も一緒に負わせてみよ！

権限と責任は表と裏

「権限の範囲がわかる」ということは、「誰が、どこまで責任を取るのか」がわかることと同義です。

権限と責任は表と裏の関係です。権限を定めれば、それに応じて責任の範囲も定まります。大きな権限を与えておきながら責任を求めないとしたら、権限が乱用されてしまう。反対に、責任ばかり押し付けて権限を与えなければ、部下の意欲は下がる一方でしょう。

部下に仕事を任せるときには、**「権限と責任を一致させる」**ことを忘れてはいけません。

任せる（権限を委譲する）とは、「責任を持たせること」と表裏です。僕は、「部下を育てる基本は、責任を持たせること」

だと考えています。

部下に「完成品レベル」の仕事を任せたとします。ところが部下の仕事が「完成品」に及ばなければ、部下に責任を取らせるべきです。つまり「やり直しをさせる」のです。

僕から見て、部下の仕事の出来映えが、「50点」だったとします。このとき、「僕が直接手を入れて、手直しをする」ほうが、早いかもしれません。

でも、それでは部下の能力は上がらないでしょう。部下の成長を望むなら、めいっぱい考えさせること。時間が許すかぎり、何度も「やり直し」をさせるべきです。

「上司は部下よりも仕事に詳しい」は、嘘

日本生命で部長になったとき、僕は部下に対して、

「相談は受け付けない」

「相談は、嫌や」

と公言していました。部下の管理を放棄しているわけではありません。僕なりの考えがあってのことです。どうして僕は、部下の相談に乗らなかったのか。それは、**「部下のほ**

うが、仕事の範囲が狭いからこそ、〝深い〟からです。

一般的に、「上司は部下よりも経験を積んでいるので、仕事に詳しい」と思われていますが、そうとはかぎりません。

部で受け持っている取引先が１００社あり、部下が10人いたとします。すると部下は、一人につき「10社」受け持つ。部長は一人で「１００社」を見ることになります。社員は「狭く、深く」、部長は「広く、浅く」取引先と関わることになるわけです。

当然、取引先について詳しく知っているのは、部長よりも部下です。部下から、

「どうして出口さんは、僕が困っているのに相談に乗ってくれないんですか？」

と泣きつかれても、僕は１００社と10社のロジックを持ち出して……、

「そんなもん、嫌や。おまえのほうが、その会社についてオレよりも詳しく知っているじゃないか。よく知らないヤツが、詳しく知っているヤツの相談に乗れるわけがない」

と、突き返していました。

部下の相談に乗っていい場合、悪い場合

ただ、まったく相談に乗らなかったわけではありません。

「『自分は解決策としてA案とB案を考えた。A案のほうが最善策だと思うが、意見を聞かせてほしい』という相談なら、話は聞くよ。何の案も持たない相談が、オレは嫌や」

自分で考えもせずに「答えを聞きに来た部下」は相手にしません。事前に案を考えてきた部下にだけ、相談に乗っていました。

仕事を任せるときは、

「与えた権限の中で、部下にめいっぱい考えさせること」

が必要です。上司が安易に相談に乗ったり、すぐに答えを教えたり、すぐに手直しをしたりするようでは、部下を育てることはできません（もちろん、時間は有限なので、タイムリミットを設けておく必要はあります）。

権限を与えて任せた以上は、責任を取らせる。権限を与えた部下には「めいっぱい知恵を出させる」ことが肝要です。

部下のミスには「問答無用で責任を取る」

上司は「結果責任」の見返りとして高給をもらう

上司であれ、部下であれ、権限を与えられている者は、権限の範囲内で「責任」を負うことになります。そして、権限が大きくなるほど、責任も重くなります。

上司は、「部下に仕事を任せる権限」を持っているのですから、部下が結果を出せなければ、最終的には「上司の責任」です。部下の失敗は、上司の責任になるのです。

ビジネスの世界は「結果責任」です。理由はどうであれ、結果がともなわなければ、責任を取らなければなりません。

ところが日本の社会では、結果責任の概念が薄い気がします。

「結果は出なかったが、善意でやったことだから許そう」

「一所懸命頑張ったのだから、努力だけは認めてあげよう」

と考え、失敗をした社員にさえ、一定の評価を与えようとします。ですが、こうした風土が、組織を弱くするのです。


「結果責任」という言葉の意味は、とても重いものです。社長、部長、課長など、「長」のつくポストを任される社員は、

「結果責任を負う見返りとして、高給（手当）をもらっている」

と僕は考えています。ですから、ベストを尽くした結果であろうが、尽くさなかった結果であろうが、「結果が出なければ、責任を取る」のが上司の「宿命」です。会社の不祥事に対して社長が辞めるのは特別なことではなく、グローバル企業では「当たり前のこと」にすぎません。

「自分は知らなかった」は通用しない

不祥事を起こしたとき、「部下が、いつの間にかやっていたことなので、自分は知らなかった」と責任逃れをする上司がいます。「自分は知らない」と言い切る上司は、秩序の感覚が乏しいのでしょう。「知っていようが、知っていまいが、自部門の責任を取る」のが上司です。

「上司は、いかなる理由があろうとも、責任を取る」
「部下には、与えた権限の範囲内で責任を取らせるが、それ以上の責任は上司が取る」

上司が、出処進退（役職に留《とど》まることと、辞すること）をキレイにすれば、部下は上司を信頼するでしょうし、「自分が失敗すると、上司に責任をかぶせてしまうことになる。そうならないように、結果を出そう」と、気を引き締めるはずです。

一方で上司も、「部下の仕事の責任は、最終的に自分（上司）にある」という秩序の感覚を持っていれば、部下を把握しようとするはずです。人間心理として、「自分の知っていることで責任を取るのはいいけれど、知らないことで辞めさせられるのは嫌だ」と思うものだからです。ビジネスでは「自分は知らなかった」が通用しないわけですから、「部下のことをもっとよく知る」しか方法はありません。

刑法の世界は、故意や過失がなければ、責任を問うことはできません。しかし僕は「刑法とビジネスは違う」と思います。

「故意や過失があろうとなかろうと、責任を取る」のが上司であり、「責任を取れる上司」がいるからこそ、組織は強くなるのです。

部下を忙しくさせるのが、上司の愛情

部下がサボるのは、上司が仕事を与えていないから

「人間は、愚かである」

が僕の持論です。

要するに、自分一人でできることは「たかが知れている」わけです。どれほど賢い人でも、せいぜい「２～３人分の働き」しかできません。何度も繰り返し書いていますが、大きな仕事を成し遂げたいと思うのなら、「人に任せる」ことが得策です。

小さな食堂でも、一人で切り盛りをするのは大変です。注文を聞いて、お水を出して、料理をつくって、運んで、お皿を洗って……。繁盛店にしたいのなら、従業員を雇って、仕事を分担するしかありません。

人間の能力は、それほど高くありません。一人でたくさんの仕事を抱えることはできないのです。優秀な上司でも「部下2～3人分の仕事量」をこなすのが精一杯でしょう。

だから上司は、自分で仕事を抱えようとせず、部下に仕事を任さなければなりません。

「人にしてもらう」のは、上司の仕事の基本です。

もし、「サボっている部下」がいたら、それは、「サボっている部下」が悪いのではなく、上司が悪い。なぜなら「仕事を与えていない（仕事を任せていない）」からです。「人にしてもらう」という上司の基本を忘れているからです。

仕事の途中に、何度もタバコを吸いに行く部下がいたとします。この部下がタバコを吸えるのは、「時間が余っている」からであり、「上司が、仕事を与えていない」からです。

部下に、十分な仕事を与えていたら、タバコを吸う時間もないはずです。

「仕事を与え、部下を忙しく働かせる」のは、上司の務めです。忙しく働かせると、部下の不平不満を助長すると思われがちですが、僕は「その逆」だと思います。

人間は「何もやることがない状態」を嫌います。フランスの哲学者・パスカルは、「退屈」について考察し、

「人間の不幸などというものは、どれも人間が部屋にじっとしていられないがために起こる。部屋でじっとしていればいいのに、そうできない。そのためにわざわざ自分で不幸を招いている」

と述べています。自分を不幸にしてまで部屋にじっとしていられないのは、「人間は、退屈に耐えられない」からです。

したがって、上司は、部下を退屈させないためにも、適度に仕事を与え、任せなければなりません。そうすれば仕事を与えられた部下は、

「オレは信頼されているから、仕事を与えられているんだ」

「上司が認めてくれているから、任されるんだ」

と意気に感じるはずです。

仕事を与えるのは、部下への愛情

仕事を与えすぎて部下を疲弊させてはいけませんが、それでも「仕事をまったく与えない」ことに比べたら、「少しくらい忙しくさせたほうが、部下は喜ぶ」と思います。退屈

しないですむからです。

「仕事をしなくても給料をもらえるなんて、恵まれている」と考える人は、仕事をしたことがない人です。

たとえば、同僚たちは仕事を任されているのに、自分だけすることがない――1日中、何もせずにデスクに座っていなければならないとしたら、「恵まれている」どころか、苦痛でしかありません。

「上司が仕事を与える」のは、愛情の裏返しです。

部下が誰一人、退屈しないように、部下に仕事の楽しさを感じてもらうように、仕事をバランスよく与えていくのが上司の仕事です。

第3章

「プレーイング・マネージャー」になってはいけない

部下の仕事が「60点」なら、〝合格点を与えなければならない〟

プロ野球の監督が試合に出てはいけない

上司と部下の関係を、「マネージャー」と「プレーヤー」と呼ぶことがあります。

・マネージャー（上司）……部下に仕事を分配する（任せる）
・プレーヤー（部下）……任された業務を遂行する（任される）

マネージャーは、プレーヤーの代わりをしてはいけません。

マネージャーの中には、プレーヤーから上がってきた仕事の出来を見て、「オレならもっと上手にできる」と思う人がいます。プレーヤーの仕事が60点の出来だった場合、「オ

レだったら、80点以上の仕事ができる」と思いがちです。そして、

「部下に任せると60点しか取れないから、今度は自分でやろう」

「自分で手直しをして、80点以上に引き上げよう」

とします。でも、それをしてはいけません。業務を遂行するのは、マネージャーの仕事ではないからです。プロ野球の監督が「オレがバッターボックスに立ったほうが、ホームランが増える」と言って全試合に出始めたら、チームの指揮は誰がとるのでしょう？


プレーヤーが60点を取れているのなら、「合格点」を与えてもいいと思います。

「60点では満足できないから、自分の力で80点以上にする」と考えてはいけません。マネージャーは、60点で我慢する度量を持つべきです。「オレだったら80点なのに……」と嘆きたい気持ちをグッとこらえ、残りの40点は「見て見ぬ振り」をするのです。


マネージャーの仕事は、自らもプレーヤーとして現場に出て80点を取ることではありません。

部下が10人いるのなら、**まず10人全員が「毎回、60点を取れる」ようにするのがマネージャーの役割です。**

「部下全員に60点を取らせる」のが上司の務め

プレーヤーは60点取れていれば、合格です。ということは、マネージャーは、各プレーヤーが60点以上を取れているかどうかを判断できなければなりません。

60点未満だとしたら、合格していないわけですから、60点まで引き上げる努力と工夫が必要です。

そして、部下が全員「60点をキープ」できるようになってから、次は全員が「65点」を取れるようにかさ上げしていけばいいのです。

日本の企業では、プレーヤーとして優秀だった人材（80点以上取れる人材）がマネージャーに昇格するのが一般的です。するとマネージャーは、部下の仕事にも80点以上を求めます。ですが、60点の部下全員を瞬時に80点に引き上げることは不可能です。

まずは、60点未満の不合格をなくす。そして、全員が60点を取れるようになったら、今度は「全員で65点を目指す」のが正しい成長のあり方です。

「部下全員に60点を取らせる」のが上司の務め

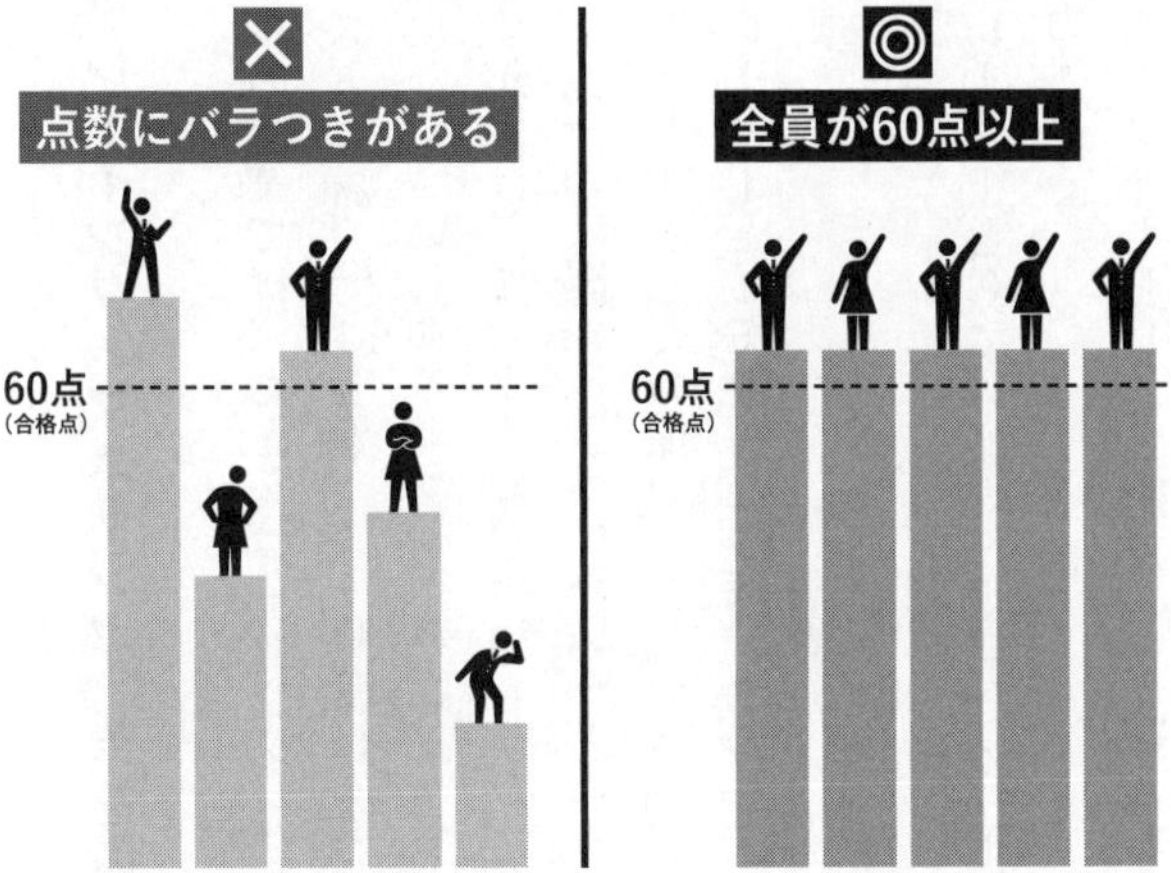
×
点数にバラつきがある
60点
(合格点)
◎
全員が60点以上
60点
(合格点)

「プレーイング・マネージャー」にはならない

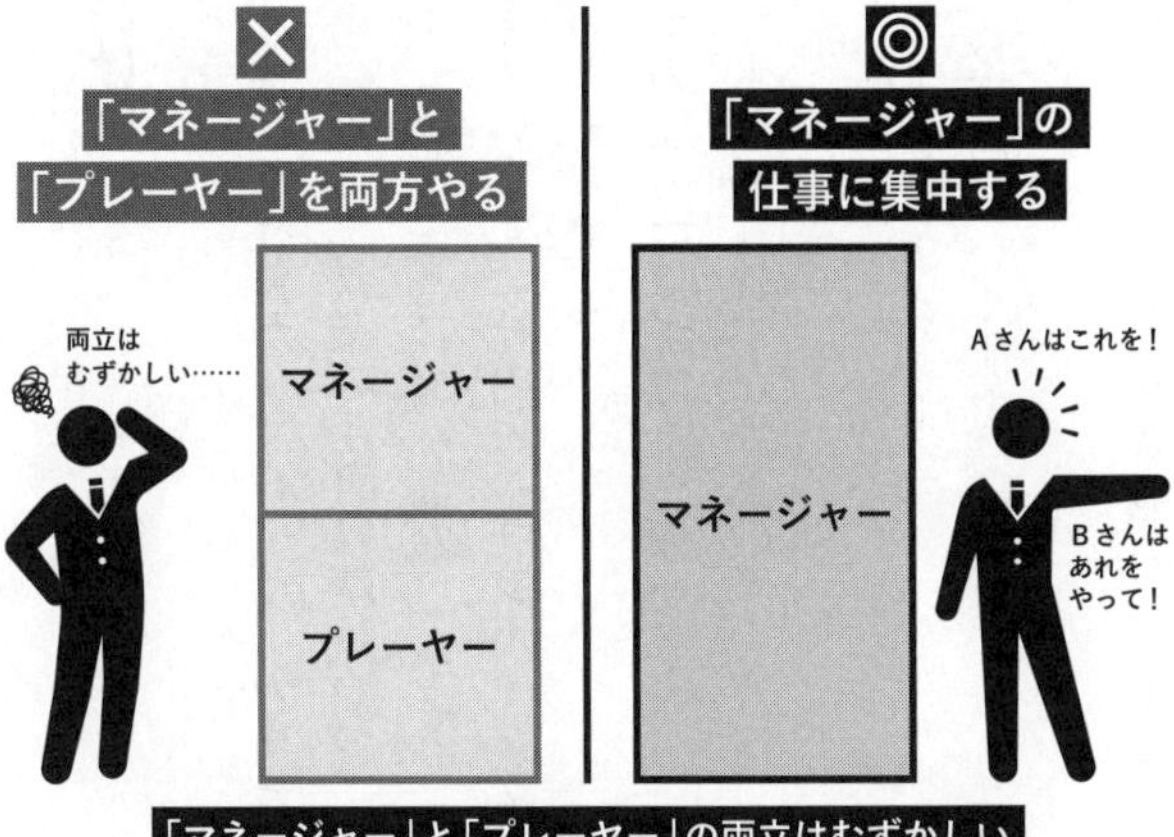
×
「マネージャー」と
「プレーヤー」を両方やる
両立は
むずかしい……
マネージャー
プレーヤー
◎
「マネージャー」の
仕事に集中する
マネージャー
Aさんはこれを!
Bさんは
あれを
やって!
「マネージャー」と「プレーヤー」の両立はむずかしい

「プレーイング・マネージャー」を置いてはいけない

日本の企業では、たとえば「バッグンの営業成績を残した社員が、プレーヤーのまま長のポストに就く」ことが、よく見受けられます。現場に出て、営業の仕事は続けつつ、管理職になる。いわゆる「プレーイング・マネージャー（業務を受け持つ管理職）」です。

ですが僕は、このような登用のしかたに疑問を覚えています。社内に「プレーイング・マネージャーは置くべきではない」というのが、僕の考え方です。

「プレーヤーとしての能力」と「マネージャーとしての能力」はまったく違います。「プレーヤーとして優秀ならば、マネージャーとしても優秀なはずだ」との考え方は、錯覚です。

・プレーヤーとしての能力……自分の仕事をひたすら高めていく能力（80点取れるように努力する）
・マネージャーとしての能力……部下全員に合格点（60点）を取らせる能力（多少の不出

来には目をつぶる)

プレーヤーとして自ら「80点」を取り続けながら、部下全員に「60点を取らせる」のは、とてもむずかしい。自分の業務に集中するあまり、結果的に部下の仕事が見えなくなります。繰り返しますが、人間の能力はそれほど高くないため、両立はむずかしいのです。

プレーヤーとしても優秀だった人が、マネージャーになっても優秀だったとしたら、それは、その社員が「プレーヤーとマネージャーは違う」と自覚し、

「プレーヤーとしての自分を捨て、マネージャーの能力を身に付けた」

「プレーイング・マネージャーであることをやめ、マネージャーに専念した」

からです。

「そんなこと言われても、プレーヤーとしての仕事も会社に期待されている」というマネージャーがいるかもしれません。そんな人もせめて「部下の仕事については、60点で満足する」習慣を意識してやってみてください。

「仕事を抱えてしまう上司」の残念な共通点

「他人に任せられない人」には三つの特徴がある

仕事を他人に任せられずに、「自分で抱えてしまう上司」がいます。自分で抱えてしまう上司には、次の三つの特徴が挙げられます。

【自分で抱えてしまう人の三つの特徴】

①「人間の能力や使える時間は有限である」ことがわかっていない
②部下の仕事が「60点」では納得できない
③判断のスピードが遅い

①「人間の能力や使える時間は有限である」ことがわかっていない

「人間は元来、愚かな動物であり、一人でできることには限界がある」ということがわかっていません。だから、自分一人で何でもできると勘違いをします。

どれほど優秀な人でも、せいぜい「2〜3人分の仕事」しかこなせません。「自分の能力には限界がある」ことがわかっていれば、一人で抱えたりせずに、「誰かに任せよう」「協力してもらおう」と考えるはずです。

②部下の仕事が「60点」では納得できない

「自分だったら80点以上の仕事ができるのに、部下に任せると、60点しか取れない。だったら自分でやったほうがいい」と考える人は、世の中に対する洞察が欠けています。

人間の能力や、時間や、資源が無限にあるのなら、１００点を目指してもいいでしょう。ですが実際は、能力も、時間も、資源も有限です。

有限である以上、完璧《かんぺき》な仕事などありえません。「60点取れていれば、合格」と割り切るべきです。「できている60点」ではなく、「できていない40点」ばかりを気にしているから、仕事を任せることができないのです。ただし、60点で満足していたら組織の向上は望めません。前述したようにまず全員の60点を確認したら、次はプラス5点、10点と上げていくことが重要なのは言うまでもありません。

③判断のスピードが遅い

一流のサッカー選手は、ボールが来た瞬間に（あるいは、ボールが来る前から）、ドリブルをするのか、シュートを打つのか、パスを出すのかを判断しています。ですが、そこで逡巡《しゅんじゅん》してしまうと、敵の選手に囲まれて、ボールを奪われてしまいます。

判断が遅れる原因の一つは、まわりの選手を信頼していないことでしょう。信頼していないから、まわりの選手に任せることができません。「パスを出す」という選択肢が後回しになって、「自分の力で局面を打開しよう」と考えてしまうのです。

部下を信頼していない上司は、「部下に任せる」という選択肢が後回しになります。「自分でやったほうがいい仕事ができる」と考え、いったんは自分で抱えるのですが、そのうち「自分でやろうと思ったけれど、時間が足りなくて、できない」と焦り出す。

慌てて部下に任せるものの、結果的には、時すでに遅し。「60点にも及ばない」状況に陥ってしまうのです。

一方、仕事ができる上司は、「球離れ」がいい。

ボール（仕事）が自分の部署に来たら、「この仕事は、誰に任せようか」「あいつなら得意そうだ」とすぐに判断して、仕事を任せることができます。

ビジネスが市場に与える影響力を上げるためには、スピードを速くする必要があります。

そのためにも、仕事は、できるだけ早く任せたほうが賢明なのです。

「必死に働く姿」を部下に見せているか？

部下を動かす三つの方法

上司が部下を信頼しても、部下がやる気を出してくれなければ、「60点」未満の仕事しかしてくれないかもしれません。

どうしたら部下はやる気を出してくれるのでしょうか？　どうしたら部下は自ら進んで「仕事を任せてほしい」と思うのでしょうか？

上司が部下を動かす（マネージャーがプレーヤーを動かす）方法は、次の三つに集約されると思います。

【部下を動かす三つの方法】

①上司を好きにさせる
②圧倒的な能力の違いを見せる
③必死に働いている姿を見せる

①上司を好きにさせる

部下から「愛される上司」になることです。仮の話ですが、もし上司と部下の間で「恋愛」のような関係を築くことができれば、部下は「好きな人のために、進んで働く」でしょう。上司は、部下に愛されたら勝ちです。「上司が何も言わなくても、必死になって働いてくれる」ので、上司はラクができます。

ただし、人が人を好きになるのは、本能的なものなので、とてもむずかしい。なかなか思うようにはいかないでしょう。上司にとっては、もっともラクができる反面、もっとも確率が低い方法でもあります。

②圧倒的な能力の違いを見せる

上司の能力がケタ違いだと、部下は上司に従うしかありません。

「こんなにすごい上司には、かなわない。参りました」

「性格的には好きではないが、すごい能力を持っているから、言うことを聞くしかない」

と思わせることで、部下は動いてくれます。ですが、この方法もむずかしい。人間の能力は、上司も部下もそれほど変わらないからです。

③必死に働いている姿を見せる

この方法がもっとも現実的です。部下から愛されているわけでもなく、圧倒的な能力を持っているわけでもないなら、「必死に働いている姿を見せる」しかありません。そして、「あの上司は、誰よりも一所懸命仕事をしている。いつも仕事のことを考えている。自分はあんなに仕事に打ち込んだことはない。あの上司にはかなわない」と思わせることができたとき、部下は上司の言うことを聞くようになるものです。

もちろん「忙しくしているフリ」ではダメです。口では良いことを言っても、行動がともなっていなければ、部下に見透かされます。「建て前は、絶対に部下に見破られる」と肝に銘じて、必死に働く必要があります。

部下を動かす3つの方法

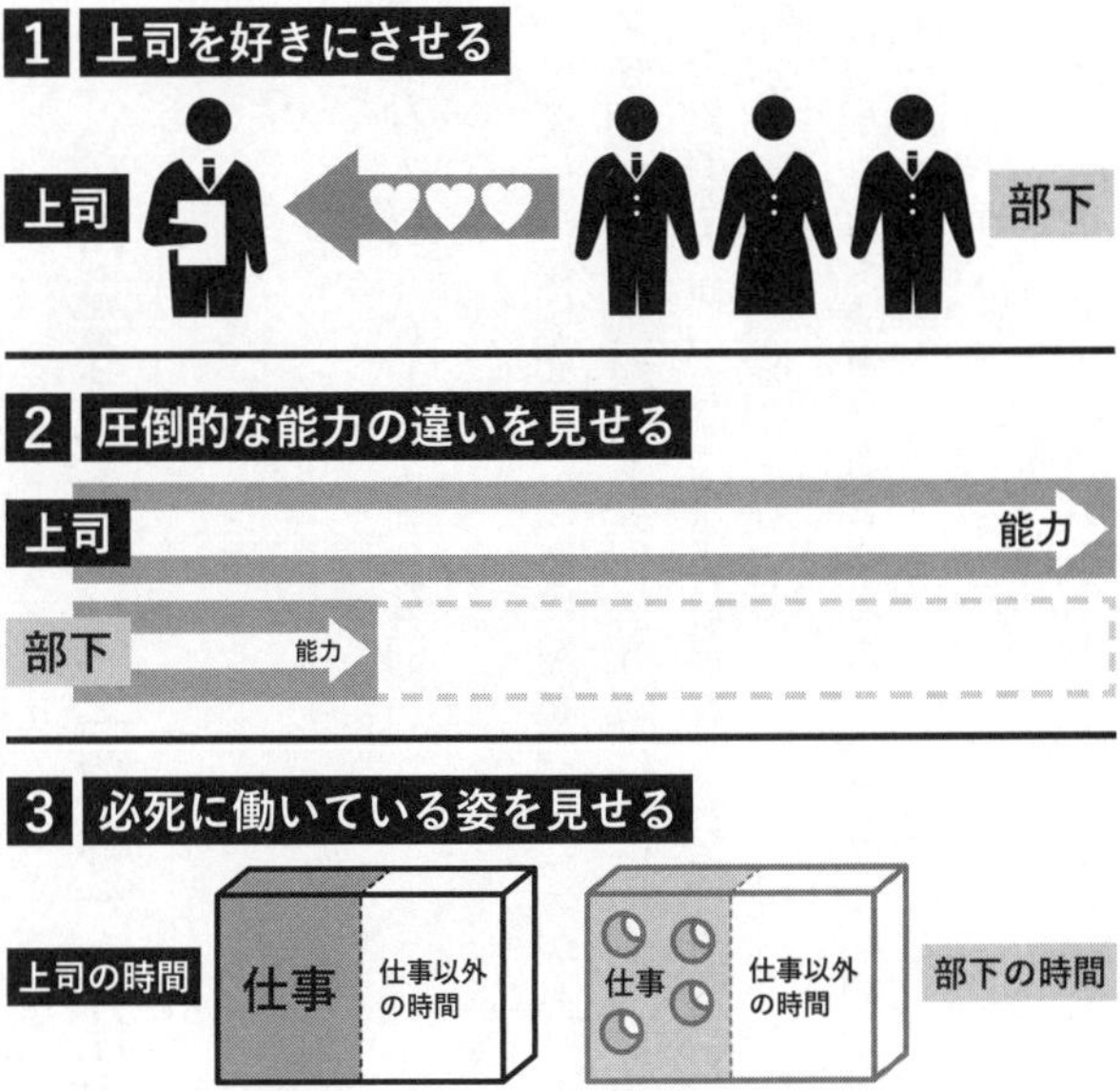

部下のやる気を引き出さなければ、意味がない

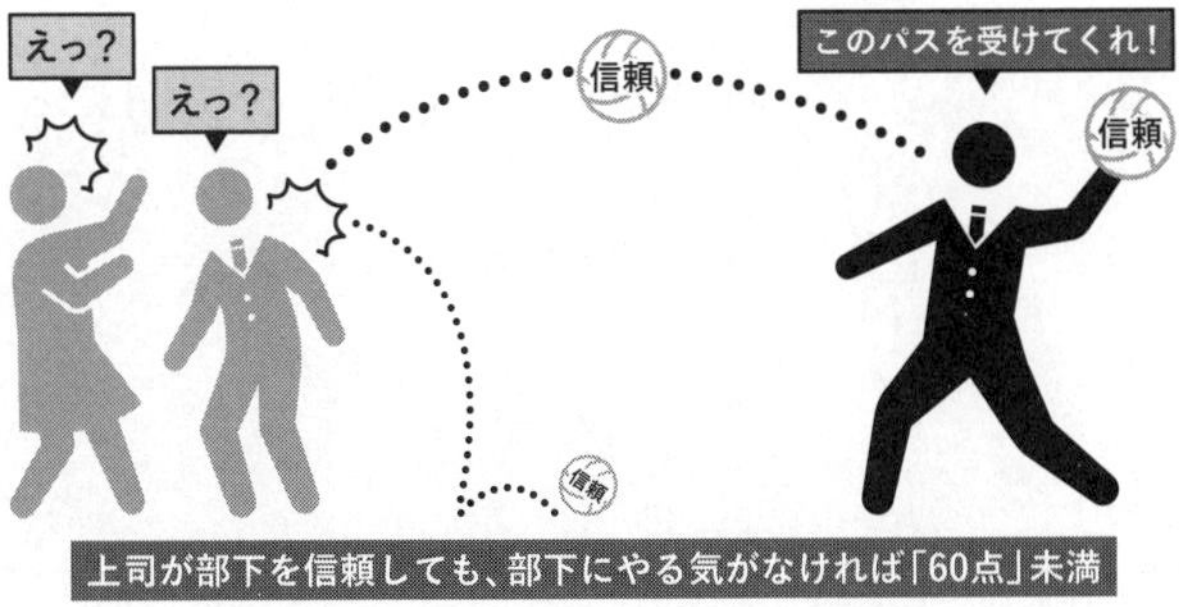

「攻め」が得意な部下には、「攻め」の仕事だけを任せる

「万能な人材」など存在しない

かつて僕は、投資顧問の仕事に携わったことがあります。

アメリカで、投資顧問業界のあり方について調査をしているとき、「ファンドマネージャー（投資顧問会社の資産運用の担当者）」の育成に関して、とても興味深い話を聞きました。話をうかがったA社の社長は、

「どんな局面でも乗り切れるような、万能タイプのファンドマネージャーを育てるつもりはない」

という考え方を持っていたのです。

人には「向き、不向き」があります。攻めが得意な人は守りが苦手で、守りが得意な人

は攻めが苦手。だとしたら、攻めが得意な人は攻めを、守りが得意な人は守りを極めればいいのであって、「攻めが得意な人に守りを覚えさせたり、守りが得意な人に攻め方を教えたりする必要はない」と、A社の社長は言い切ったのです。

「三つ子の魂百まで」と言われるように、人の性格は、そう簡単には変わりません。弱気な人に「もっと強くなってこい」と修練を積ませても、時間をかけたわりには大きな変化は期待できません。だとしたら、**その人に「向いている仕事」を任せたほうが成果は望めます**。だから、次のようにしたそうです。

上げ相場のときには、強気のファンドマネージャーを起用する。
下げ相場のときには、弱気のファンドマネージャーを起用する。

一人のファンドマネージャーに、上げ相場も、下げ相場も任せるのではなく、二人を組み合わせながら、任せればいいわけです。

したがって、いまがどういう局面なのか（上げ相場なのか、下げ相場なのか）を察知し、局面に応じて「任せる担当者を変えていく」のが社長（上司）の仕事といえるでしょう。

人材配置は「損得」で考えて「実利」を得る

僕は、A社の社長の言う「人には、向き・不向きがある」「部下の得意なことを任せる」という考え方に賛成です。

ところが日本の企業の人材育成は、「得意なことをどんどん伸ばす」よりも「不得意なことをなくす」ことに傾いている気がします。

たとえば、ハーバード大学のロースクールで法律を学んだ社員に向かって、

「地道な苦労もしたほうがいいから、地方に赴任して、営業を一から経験してこい」

「アメリカかぶれになっていないで、田舎の実情を見てこい」

「地べたを這《は》いずり回って、もう一度上がってこい」

などと、不毛な精神論を振りかざしたりします。

グローバル化した企業であれば、このような人事はしません。この社員がすぐに成果を上げられる人事をするでしょう。

「君、まだ年齢は若いけれど、法律を専門的に勉強してきたのだから、法務部の次長に抜《ばっ》

擢《てき》するよ。会社のコンプライアンス体制をつくってほしい」

と、実利や、損得を考えた人材配置をするはずです。

仕事を任せるときは「不得意なことではなく、得意なことを任せる」ほうが、実利が得られます。

そして、その人の不得意なところは、「強制的にできるようにさせる」のではなくて、ファンドマネージャーの例のように、「別の人」をあてがって補えばいいのです。

部下の短所は「ほうっておく」

「長所」と「短所」はトレードオフ

「長所を伸ばして、短所をなくす」ことなど、「ありえない」と僕は考えています。

長所や短所は、その人の「尖《とが》った部分」、すなわち個性です。尖った部分は、見方によって、長所にも、短所にもなります。たとえば「ハッキリと自分の考えを言う」という長所は、見方を変えれば「協調性がない」という短所にもなるわけです。

長所も、短所も同じ「尖った部分」です。人はもともと、尖った部分を持っていて、三角形のように角張っています。ですが尖った部分があると、「チクチクして痛いやないか」という理由で、角を削り、丸くしようとする人がいます。とくに大企業では、形が真円に近い人ほど「優秀な人」と見なされています。

ところが、丸くなればなるほど、個性が薄れていき、〝物わかり〟がよくなってしまいます。「尖った部分」を削って丸くした結果、「面積が小さくなってしまう」のです。

僕が日本生命に入社したとき、「ハツラツとして、意見をガンガン言うカッコいい先輩」がたくさんいたのですが、10年も経つと、みな「人のいいおじさん」になっていました。短所がなくなると同時に、長所もなくなった（面積が小さくなった）からでしょう。

人の意欲や能力は面積に比例します。ですから、上司は部下の「尖った部分」を削ろうとしないことです。

「長所を伸ばす」ことと「短所をなくす」ことはトレードオフ（一方を追求すると、他方が犠牲になり、両立しない）の関係にあります。ですから、**部下の「尖った部分」は、削るのではなく、そのまま残す**こと。人は「小さい丸より大きい三角形」であるべきです。

石垣の隙間を埋める「小さな石」。これが上司だ

「尖った人ばかりでは、組織がまとまりにくいのでは？」と思われるかもしれません。でも、「丸くしないで、尖ったまま人を使う」からこそ、組織は強くなるのです。

戦国時代の石垣に当てはめて考えてみると、その理由がわかりやすいと思います。たとえば、大阪城（大坂城）。戦国時代は、石を削る技術も機械も発達していませんから、自然石を「加工せず、そのまま組み合わせて」石垣をつくっています。コンクリートもないので、石と石の隙間には「小さな石」を詰めて補強しています。形が違う石を使うので、組み合わせるのは大変です。でも、だからこそ、頑丈な石垣ができ上がったのです。

組織も同じことです。仕事は一人でするものではありません。チームでするものです。三角形でも四角形でも尖っていても、組み合わせることで強い石垣がつくれれば、それでよいのです。組み合わせたとき、隙間ができてしまうのなら、「小さな石」を入れて、埋めたり、つないだりすればいい。その**「小さな石」こそ、上司（マネージャー）の役割**です。

部下の個性を無理に変えようとするより、個性をそのまま活《い》かし、特長を組み合わせながら仕事をする。みんなを丸くしたり、規格品のように同じ形に整えてしまったりすると、個性も、強さも、失われてしまうでしょう。

尖った部分を残したほうが、「強い組織」ができる

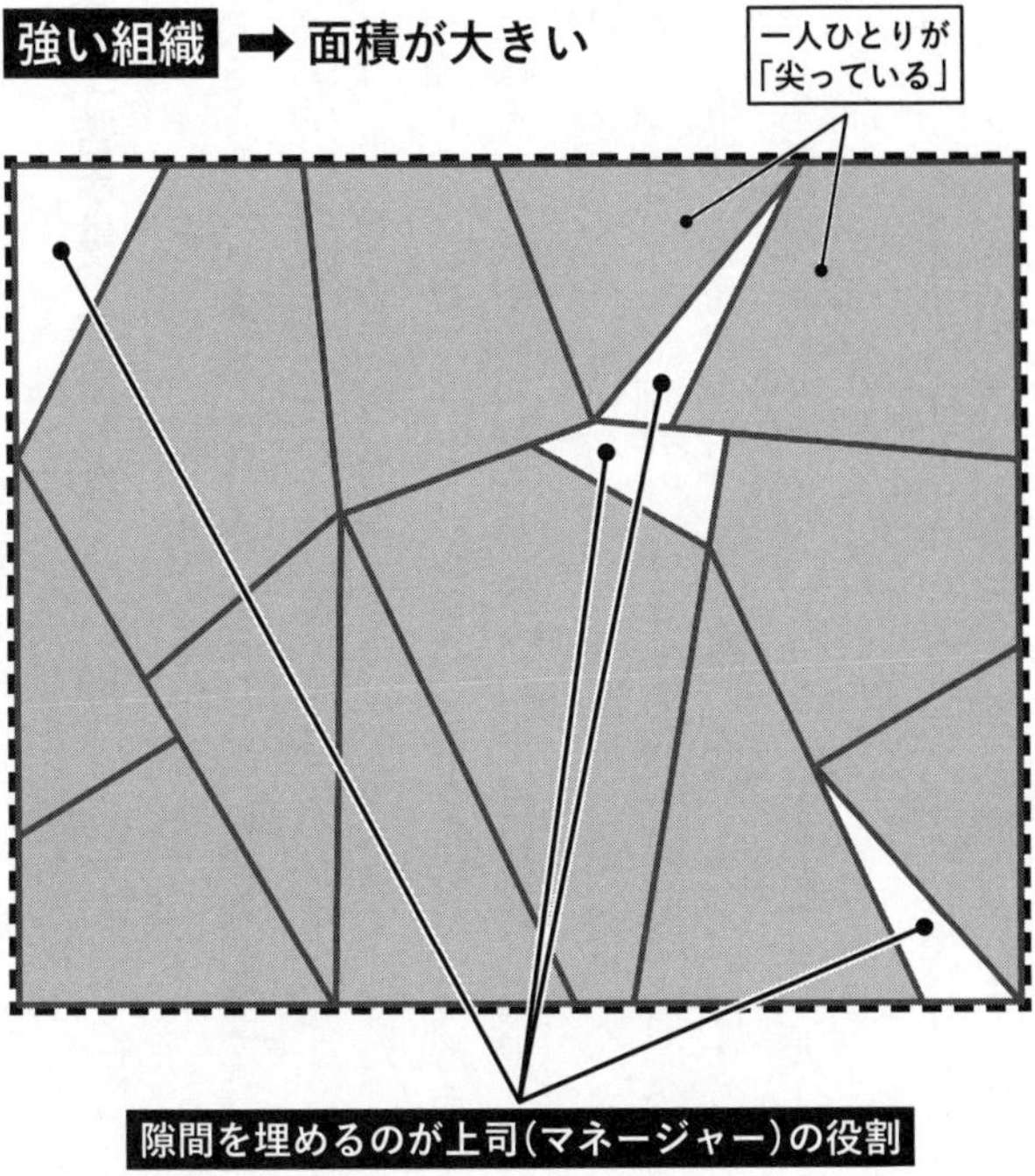

強い組織 ➡ 面積が大きい
一人ひとりが「尖っている」
隙間を埋めるのが上司（マネージャー）の役割

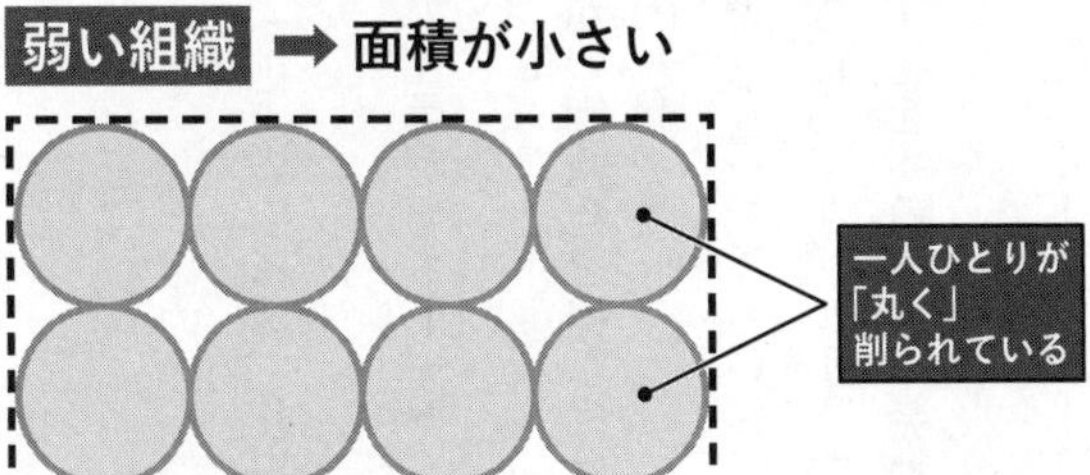

弱い組織 ➡ 面積が小さい
一人ひとりが「丸く」削られている

極論「苦手は、克服しなくていい」

上司と部下の関係は、「任せ、任される」のが理想です。ですが、部下の中には、仕事を任されたくないと感じている人もいます。

人には、得意・不得意、向き・不向きがあります。また、すべての社員がマネージャーや管理職になるわけでも、それ以前に、なりたいわけでもありません。

人にはそれぞれ価値観があります。相手の価値観を無視して、上司の価値観を押し付けるのは、一種のパワハラ（パワーハラスメント）であり、イジメと同じです。

会社の業務の7～8割は、ルーチンワーク（決まりきった日常業務）と言ってもいいでしょう。単純な事務作業を、ミスなく、スピーディに行うのは大変な能力です。ルーチンワークにも重要な責任がかかっています。したがって、ルーチンワークをする人も、会社にとっては欠くことができない存在です。

ただし、「マネージャーレベルの責任の大きな仕事は任されたくない」「ルーチンワークで自分の力を発揮したい」と考えている人には、マネージャーレベルの責任の大きな仕事を任せてはいけないのです。

「人には、得意・不得意がある」ということがわかっていない上司は、「苦手なものも、がんばって努力を続ければ、必ず克服できる」と考えがちです。ですが僕は、この考え方に反対です。

人は「得意なもの」を伸ばしていくべきです。そして、みんなが「得意なもの」を伸ばしてチームをつくるのが、もっとも合理的です。

僕は、日本生命時代に海外業務を経験していますが、それでも英語はそれほど得意ではありません。とくに、「話す」のが苦手で、自分の考えを言葉にするのに時間がかかります。ですから、ライフネット生命では、海外案件の執行を岩瀬に任せていました。僕が英語の勉強に時間を費やすのは、CEOの役割を考えた場合、時間のムダでしかないと思ったからです。

一方、APUでは、ある程度の英会話力が求められています。もちろん、高い英語力が求められる事案に関しては、専門の部門に任せていますが、海外から要人をお招きする場合、学長が英語で対応をしなければなりません。そこで、学長就任後、週1回(約1年間）英語のプライベートレッスンを受けました。学長の役割を考えた場合、英語のレッスンは、時間のムダではないからです。

英語だけでなく、僕は、ＩＴやパソコンも不得意です。ですが、「これ以上、ＩＴスキルを伸ばす必要性はない」と考えています。

２０２１年１月に脳卒中（左被殻出血《ひだりひかくしゅっけつ》）を発症し、右半身の麻痺《まひ》と失語症が残りました。これまでのような発話は難しく、右手も思うようには動きません。ＡＰＵのスタッフからは、「パソコンを使って筆談をしたらどうか」と提案がありました。

しかし僕は、手書き（自筆）にこだわりました。僕にとって、左手で文字を書くほうが、パソコンのスキルを伸ばすことよりも、得意だったからです。

１３５ページに掲載している「出口の今やるべきこと」というスライドは、ＡＰＵのスタッフがつくってくれたものです。このスライドのおかげで、取材時や面会時の発話の負担が軽くなりました。ＩＴスキルに乏しい僕が、左手だけでこのスライドをつくるのは難しいと思います。

極論すれば、苦手は、克服しない。

苦手なものは、誰かに補ってもらう。誰かに教えてもらう。誰かに手伝ってもらう。チームは、そのためにあるのです。

「出口の今やるべきこと」のスライド

出口の今やるべきこと①

- 2023年「サステイナビリティ観光学部」の開設

APU「第2の開学」→2学部から3学部体制へ
定員増に伴い、教学新棟および新APハウス（学生寮）を建設。

出口の今やるべきこと②

- あらゆる人が生きやすい社会づくり

詳細は「復帰への底力」P.208～P.211に記載

赤ちゃんと車椅子の共闘（1）

- ２５０万人ー赤ちゃん（1～３歳まで）
- ２５０万人ー障がい者（車椅子利用者）

→どちらも外出時には「ベビーカー」or「車椅子」が必要

数は同じなのに実際は・・・
赤ちゃんの9～9.5割は外出しているが、障がい者は0.5～1割程度しか外出していない。障がい者の外出は「病院」だけ。あとは小さくなって暮らしている。

障がい者がもっと外にでて声をあげないといけない。

「私たちには外に出て、多様な人々と話し合う必要がある！」

赤ちゃんと車椅子の共闘（2）

- 山手線は１１両編成✕入り口４箇所
  ＝４４箇所の入り口がある

でも、このうち優先車両、すなわち「ベビーカーor 車椅子」利用者がスムーズに出入りができる優先車両はわずか２両だけ。しかも各１箇所だけ。2/44箇所

せめて倍の４両に増やしていきたい。

それでも4/44箇所だけ。

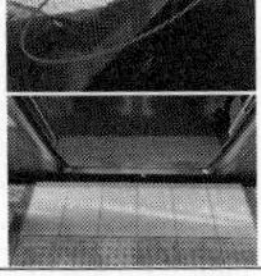

会社に「サボる社員」が必要な事情

「サボっている社員」がいる会社こそ、正常である

僕は、「部下がサボるのは、上司が悪い」と前述しました。上司は部下に仕事を任せて、忙しくさせるべきです。それが部下に対する愛情です。

でも……残念なことに、サボる社員を撲滅することはできません。

集団が形成されると「2割・6割・2割の割合で、三つのグループに分化される」と一般に考えられています。いわゆる「2・6・2の法則」です。

①上位2割：高い収益や生産性を上げる優秀なグループ（一所懸命働くグループ／任されたいグループ）

②中位６割：上位とも下位ともいえない平均的な集団（普通に働くグループ）
③下位２割：実績や生産性が低いグループ（サボっているグループ／任されたくないグループ）

興味深いのは、上位２割がいなくなると、残った８割の中で変化が生じて、再び、「２・６・２」の割合で三つのグループに分かれることです。

同じように下位２割がいなくなっても、「２・６・２」の割合になります。下位グループがいなくなれば生産性が上がると思いがちですが、そうではありません。残りの８割の中から変化が生まれ、やはり下位グループが形成されます。

なぜ、必ず「２割の下位グループ」が存在するのでしょうか。その理由は、「緊急時や、不測の事態に対応するため」「余力を残しておくため」とする説があります。

不測の事態が起こって人手が足りなくなったとき、上位の社員を投入できるとはかぎりません。では、どこから人材を確保したらいいのでしょう？

「下位グループ」（サボっているグループ）なら、時間も体力も余っているので、適任です。軍隊に「遊軍」（戦列の外にいて、いつでも出動できるように待機している軍隊）があるように、会社にも遊軍が必要です。そして下位グループこそが、遊軍になりうるのです。「2・6・2の法則」が正しいとしたら、「下位2割」が存在していてこそ、むしろ正常な集団と言えるのではないでしょうか。

「下位2割」の「仕事を任されたくないグループ」を何が何でも排除しようとする上司は、社会の仕組みや構造がまったくわかっていません。

部下に「100%力を発揮してもらう」のは、間違いである

ライフネット生命の開業前に、日本生命時代の大先輩に食事をごちそうになったことがあります。「出口、おまえ、会社をつくるようだな。まぁ、がんばれ」と激励されたあと、僕は、先輩から次のような質問を投げかけられました。

「ところでおまえ、社長になるための心構えを一つ言ってみろ」

僕は、こう答えました。

「優秀な社員が集まったので、みんなに100%力を発揮してもらって、いい会社にしたいと思います」

すると、先輩は呆《あき》れた様子で……、

「おまえ、60歳にもなって、まだそんな子どもみたいなことを言っているのか。100の力で働いたら、1週間で疲れてしまうやないか、アホ」

と、僕をたしなめました。

「人間って、普段は、30か40の力で働いているのだから、50で働けば十分や。だからはじめは、みんなが50くらいで働いて、1年、2年と少しずつ時間をかけて、50を55に、55を60にしようと考えるのが経営者や。いきなり社員に100%の力を発揮してもらおうって、そんなガキみたいなことを言ってはアカン」

いまの僕なら、どうして先輩が呆れたのか、よくわかります。当時の僕は、人間と社会のリアルな関係を見きれていなかったのです。人間は、元来、怠け者です。そして社会は、「2・6・2の法則」でできています。そのことを受け入れたうえで、「では、誰に、どんな仕事を任せたらいいのか」を考えるのが、上司の仕事なのです。

「適材適所」は、口で言うほどやさしくない

人材配置は「部下の適性」と「周囲の状況」から判断

人に仕事を任せるとき、上司は、次の「二つ」を見極めなければなりません。

①部下の適性（向き・不向き、得意・不得意、尖っている部分）
②周囲の状況（いまが、どのような局面なのか）

①部下の適性（向き・不向き、得意・不得意、尖っている部分）

仕事を任せるときは、相手にふさわしい仕事を任せます。攻めが得意な人には攻めを、守りが得意な人には守りを任せるのです。

上司は、部下の適性に合わせて、任せる仕事の「内容」や「任せ方」（権限の範囲内で、好きなようにやらせる／仕事の一部分・パーツを任せる／上司の仕事を代行させる……69ページ参照）を変えていく必要があります。

そのためには、部下の尖った部分がどこにあるのか、部下の得意・不得意は何なのかを深く知っていなければなりません。

②周囲の状況（いまが、どのような局面なのか）

前述した投資顧問会社のA社の社長が、二つのタイプのファンドマネージャーを組み合わせることができたのは、「上げ相場なのか、下げ相場なのか」を正しく判断できたからです。相場の状況を読み解けなければ、どのファンドマネージャーを抜擢すればいいのかわからなかったでしょう。

「適材適所」は、口で言うほどやさしいものではありません。なぜなら、右記の①部下の適性と②周囲の状況の二つを察する能力、つまり「洞察力」を上司が持っていないと、実現できないからです。

上司に必要な「洞察力」を高める

洞察力を身に付けたいなら、経験やインプットの蓄積が不可欠です。

人間の脳は、とても良くできています。物事を考えるときも、頭の中にたくさんのインプットがあれば、類推しやすい。脳が引き出しから勝手にいろいろなものを選んできて、組み合わせてくれるからです。

たとえば、土地を評価するとき。「駅から徒歩15分で、大きな公園があるA町の土地」を評価するには、「似たような土地が、どこかになかったか」を思い出してみるのが手っ取り早い判断方法でしょう。

「そういえば、B町にも、同じような土地があったな。徒歩15分くらいで、公園もあって……。たしかあの土地は、坪１００万円だったから、今回のA町の土地も、坪１００万円でいいかもしれない」

「そう、そう。C町にも、同じような土地があったのを思い出したぞ。10年前だったけど、たしか坪80万円くらいで売買したっけ。あれから2割くらいは上がっているから、いまな

人材配置は「部下の適性」「周囲の状況」から判断

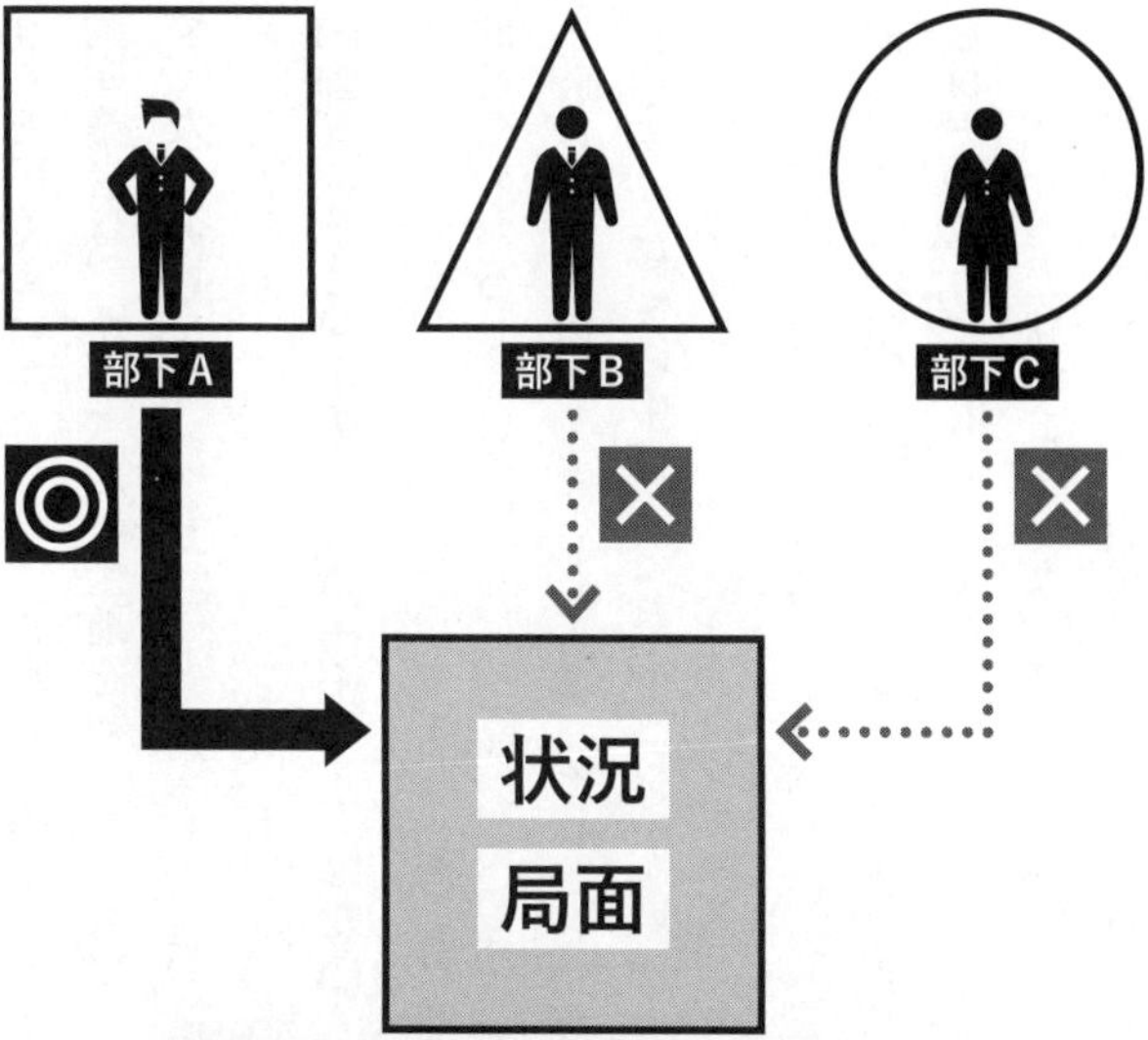

「□」の状況に適しているのは「□」の適性を持つ部下A

「適材適所」をかなえるには「洞察力」を高める

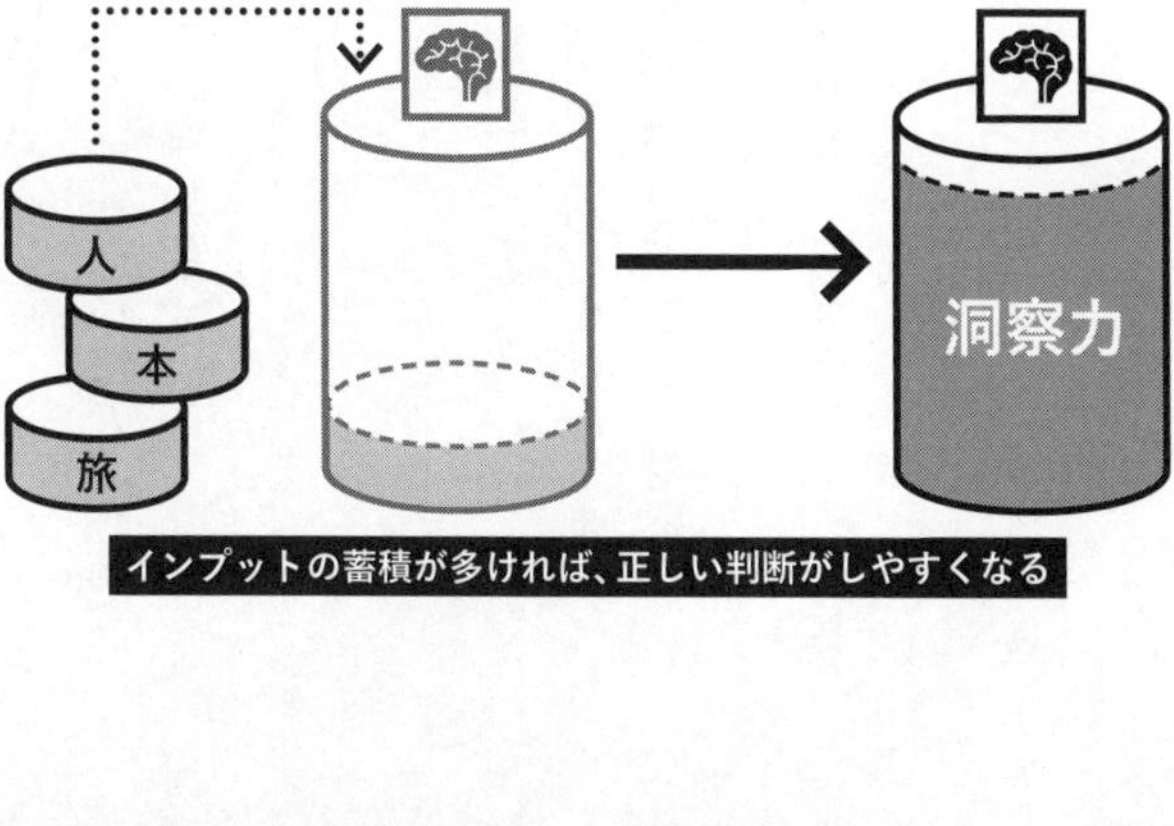

インプットの蓄積が多ければ、正しい判断がしやすくなる

ら１００万円くらいか。なら、A町のこの土地も１００万円なら妥当だな」

不動産業者は、たくさんの土地を知っているほど、つまりインプットが多いほど、評価しやすくなるわけです（インプットの増やし方は、１４６ページにて詳述します）。

いい判断をするための「ハウツー」はない

人間社会のおもしろいところは、「すべてに通じるハウツーはない」ことです。

基本的なやり方はあったとしても、それがいかなる局面にも通用するわけではありません。「状況や関係性の中で、どれがいちばんいい方法なのか」を考え、局面ごとに対応していくしかないのです。

ですから、上手に任せられる人になりたいのなら、ハウツーを知ること以上に、「人間と社会に対する洞察力を高める」ことが重要です。

「社会はどのように成り立っているのか」

「自分が置かれた状況はどうなっているのか」

「状況を打開するために、自分にできることは何か」

「誰に、どのような任せ方をするのが最良なのか」

これらを考える力が必要なのです。

「適材適所」と口で言うのは簡単ですが、実際は、とてもむずかしい。会社の状況、社会の流れと変化、部下の適性などをすべて読んで、「最適な人材を、最適な場所に、最適なタイミングで配置」しなければならないからです。

要するに、人に会い、本を読み、旅を重ねて、人間とその社会に対する洞察力を高め、**人間と社会の本質を読み取ることができなければ、適材適所はかなわない**のです。

1冊の古典はビジネス書10冊に勝る

インプットの量を増やす人・本・旅

インプットの量を増やすには、「人から学ぶ」「本から学ぶ」「旅から学ぶ」、この三つ以外にありません。

僕自身を振り返ってみると、この三つの中では、「本」から得たインプットがもっとも多いと思います。「旅」も好きで、国でいえば50～60カ国、1200～1300の町を自分の足で歩いていますが、はじめて海外に行ったときも既に本からのインプットがあったので、「この場所、本に書いてあるとおりや」と既視感を覚えたくらいです。

たとえば、アメリカのバイデン大統領に直接会って、話を聞きたいと考えたとします。飛行機のチケットを買ってワシントンに飛び、1カ月滞在して毎日ホワイトハウスに通ったとしても、バイデン大統領に会える確率は、限りなくゼロに近いでしょう。

しかし、リンカーンの話は、800円も出せば、ゆっくりと聞くことができます。『リンカーン演説集』(岩波文庫)を買って読めば、それで足りるからです。

読書は、人に会うことや旅に出ることに比べれば、費用対効果が著しく高いと思います。

本はどんなジャンルも読みますが、好んで読むのは「古典」です。大学時代に恩師から、「古典を読んでわからなければ、自分がアホやと思いなさい。新著を読んでわからなければ、書いた人がアホやと思いなさい」と教わったことをいまでも覚えています。

『方法序説』デカルト/岩波文庫
『アメリカのデモクラシー』アレクシス・トクヴィル/岩波文庫
『定本　想像の共同体』ベネディクト・アンダーソン/書籍工房早山
『韓非子《かんぴし》』韓非/岩波文庫
『ニコマコス倫理学』アリストテレス/岩波文庫

こうした古典作品は、長い歴史の中で残ってきたものであって、市場の洗礼を十二分に受けています。その意味では、「1冊の古典は、ビジネス書10冊に勝る」かもしれません。

アリストテレスの『ニコマコス倫理学』を読むということは、アリストテレスの思考プロセスを追体験すること。すなわち、アリストテレスがみなさんのコーチとなり「思考のしかた」を教えてくれるということなのです。

歴史書はもちろんですが、小説も学びになります。フィクションだからといって、あなどってはいけません。

歴史書や小説には、狡賢《ずるがしこ》い人、冷徹な人、騙《だま》されやすい人など、さまざまな登場人物が描かれているからです。登場人物と部下を照らし合わせてみると、部下の適性を見極める参考になります。

「うちの部のAくんは、あの小説に登場した主人公に考え方が似ている。だとすれば、こういう仕事が適任かもしれない」と類推できるでしょう。

洞察力を磨くには、「人から学ぶ」「本から学ぶ」「旅から学ぶ」。

チャンスがあれば進んで人に会い、薦められた本があれば、手に取ってみる。行きたい場所があるのなら、とにかく出かけてみることが大事です。そうして、インプットを重ねなければ、人間も社会も、その本質を理解することは叶《かな》わないのではないでしょうか。

「愚かな上司」ほど精神論を振りかざす

「鉄タイプ」の部下、「瓦タイプ」の部下

人間の特性は、大きく「鉄タイプ」と「瓦《かわら》タイプ」に分かれると思います。

・鉄タイプ……仕事に負荷をかけるなど、叩《たた》いたほうが伸びるタイプ
・瓦タイプ……時間をかけながら、じっくり育てたほうが伸びるタイプ

「鉄タイプ」の部下は叩いて鍛え、「瓦タイプ」の部下は、時間をかけて少しずつ鍛えていきます。

上司は、部下が「鉄タイプ」なのか「瓦タイプ」なのかを見極めたうえで、仕事を任せ

るべきです。部下が「瓦タイプ」であることを見抜けずに、金槌《かなづち》で叩いてしまったらどうなるでしょう？　土くれとなり、瓦としての役割を全うすることもできなくなります。

一方で、鉄タイプの部下を鍛えるときは、「負荷をかける」のがいちばんです。

日本生命時代、部下に与えた負荷の一つが、「論文を書かせること」でした。生命保険業界には『生命保険経営』という機関誌があります。この機関誌に、部下の論文を寄稿させていたのです。

『生命保険経営』は隔月刊で、5月、7月、9月、11月、1月、3月に刊行されます。そこで、「5」「7」「9」「11」「1」「3」と数字を書いたあみだくじをつくって、部下たちに引かせます。

「おっ、君の数字は5か。だったら5月に論文を書くんや。テーマは自分で考えてええ。アイデアを持ってくれれば、相談にも乗るよ」

なかには、「仕事が忙しいのに、どうして論文まで強制されなければいけないのか」と不服そうな態度を取る部下もいます。

そんなとき僕は、次のようなロジックで彼らを説得していました。

「業界誌だけど、生命保険会社がスポンサーになっているから、謝礼がもらえるぞ。お金が出るんやぞ。飲みに行けるんやぞ」

「しかも論文を書いたら、自分の勉強になるやないか。お金もらって、しかも賢くなって得やないか」

「もし君の書いた論文が優秀賞に選ばれたら、人事の評価もよくなるぞ」

「お金も入って、賢くなって、評価も上がるんやぞ」

すると、難色を示していた部下も「なるほど！」と言って書きはじめるのです（笑）。

「オレが鍛えてやる」と口にする愚かな上司

鉄タイプの部下を鍛えるには、金槌で叩いて強くして、「鋼《はがね》」に変えていきます。ただし、叩くときは、負荷だけでなく、インセンティブ（やる気を起こさせるような報酬）を用意しておくことが大切です。本人が納得して、「これは負荷がかかるけれど、自分のためになるから、やってみよう。やったらやっただけ自分にもプラスになるから、頑張ろう」と思うための仕組みが必要です。

不毛な精神論を振りかざして部下を叩くのは、最低な鍛え方です。「交差点に一人で立って、人混みに向かって自己紹介」をさせたり、「１００人と名刺交換するまで帰ってくるな」と強要するのは、パワハラそのものだと僕は思います。

「必死に仕事に打ち込む」ことは、原則として、自発的であるべきです。

「オレが鍛えてやる」とか「オレの背中を見て育て」と口にする上司は、愚かです。「背中に何が書いてあんねん。何も見えへんやないか」と言いたくなります（笑）。

山本《やまもと》五十《いそ》六《ろく》（海軍大将・元帥・連合艦隊司令長官）は次の名言を残しています。

「やってみせ、言って聞かせて、させてみて、褒めてやらねば、人は動かじ。
話し合い、耳を傾け、承認し、任せてやらねば、人は育たず。
やっている、姿を感謝で見守って、信頼せねば、人は実らず」

ここにあるように、相手を信頼し、任せるからこそ人は育ちます。合理的な根拠のない精神論では、決して人は育たないのです。

「折れやすい部下」を鍛えるには？

瓦タイプの人材を鍛え、割れにくい瓦にするには、まず、「叩かない」こと。瓦は、強く叩いた瞬間に割れてしまいます。

それから、「角を削らない」こと。つまり、短所を直さないことです。

日本の会社は、つるりとした角のない瓦を好みます。ですが前述のように、角を削ると、個性までなくなってしまいますから、短所をなくすのではなく、長所を伸ばします。

瓦タイプを鍛えるには、「得意なこと、向いていること」を任せる。ただし、簡単な仕事ばかり任せていては成長につながりません。少し背伸びするくらいの仕事、感覚的には、**部下の能力の1割増くらいの仕事を任せる**のが理想です。

鉄タイプと同じように大きな負荷をかけると割れてしまうので、「少しだけ高いレベルの仕事」を任せるとよいでしょう。

残業時間が自然と減る――「部下の生産性が上がる」評価基準とは？

労働時間が長いのに、どうして生産性が低いのか

日本人の一人当たりの総労働時間数（2021年）は、「年間平均1607時間」です。イギリス（1497時間）、フランス（1490時間）、ドイツ（1349時間）と比べると、長時間働く国民であることは明らかです（OECD.Stat,「Hours worked: Average annual hours actually worked per worker」より）。一方で、日本の労働時間1時間当たりの生産性（2020年）は、「49・5ドル」。アメリカ（80・5ドル）、フランス（79・2ドル）、ドイツ（76・0ドル）に及ばず、生産性が低いことがわかります（日本生産性本部「労働生産性の国際比較2021」より）。

長時間働いているのに、どうして生産性が低いのでしょう？

その理由として、「残業による疲労の蓄積」が考えられます。

これは2020年のデータですが、週49時間以上働く長時間労働者の割合を見ると、たとえばフランスの9・1％、ドイツの5・9％に対し、日本は15・0％（労働政策研究・研修機構「データブック国際労働比較2022」より）。疲労が蓄積した結果として、生産性が下がってしまったのです。スウェーデンのある学者の講義を受けたことがありますが、彼は、「短時間に集中して仕事に取り組んだほうが、労働生産性は向上する」と断言していました。

日本人は、「働けば働くほど、生産性が上がる」と考えがちです。しかしこの考えに科学的な根拠はありません。

なぜ、日本の企業には残業が多いのでしょう。おもな理由は二つです。

①「長時間働く人は偉い」という間違った認識

②上司の「マネジメント能力」の不足

①「長時間働く人は偉い」という間違った認識

終身雇用&年功序列体制の下では、「上司よりも先に帰ってはいけない」という空気感が醸成されやすい。「上司と一緒に遅くまで残る社員」「残業や休日出勤を嫌がらない社員」が評価されてしまうのです。

若手社員は誰よりも早く会社に来て、誰よりも遅くまで会社に残るものだとする論調は、誤った精神論だと僕は思います（ときには、寝食を忘れて仕事に打ち込むことも大切ですが、それはあくまでも社員の自発的な行動の結果であるべきで、上司が権威を振りかざして押し付けるものではありません）。

②上司の「マネジメント能力」の不足

「職場の要員が不足している」「一部の部下に仕事が偏っている」「無駄な会議が多い」などの理由で、労働時間が長くなっています。仕事を過不足なく割り振ったり、要員のバランスを維持したりするのは上司の役割です。それができないのは、上司のマネジメント能力が不足しているからでしょう。

「遅くまで残る部下」を評価していないか？

では、どうすれば「残業」を減らす（なくす）ことができるのでしょうか。

そのためには、「評価基準を変える」ことです。

「何よりも大事なのは、労働生産性の向上であって、残業時間は評価の対象にならない」ことを明確にすべきでしょう。**労働時間から「労働生産性」に焦点を変える**のです。

ダラダラ働いても、成果は上がりません。あらゆる医学的所見が、「若い人であっても、長時間労働をすると、注意力や生産性が低下する」ことを明らかにしています。有名なグーグルの「20％ルール」（勤務時間の20％は、自分のやりたいことをやってもよい）は、長時間労働による疲労を防ぎ、発想力や集中力を高める工夫の一つと言えます。


上司のマネジメント能力が不足しているのなら、「情報をシェアする会議は30分以内、何かを決める会議は1時間以内」「残業は原則的に禁止。上司の許可があった場合のみ、残業を行う」といった社内ルールを明文化して、「残業をしない仕組み」をつくることが大切です。

上司は、部下に「つきあい残業」を強いてはいけません。上司が考えるべきは、「部下の労働生産性を高めるには、どうしたらいいか」に尽きるのです。

統率力とは「丁寧なコミュニケーション」のこと

リーダーの条件――「強い思い」「共感力」「統率力」

ある役員が、社長から「新規プロジェクトを任された」とします。この役員は、本音をいえば、任されたくありませんでした。そして、こう考えた。

「なんだか大変そうなプロジェクトだ。正直、面倒だ。だけど社長の命令だから、断るわけにはいかない。しかたがないから適当にメンバーを集めて、適当にやっておくか……」

おそらく、プロジェクトは失敗するでしょう。なぜなら、この役員は、「リーダーの条件」を満たしていないからです。この役員の下では、プロジェクトメンバーは力を発揮できません。

僕は、リーダーには、次の三つの条件が必要不可欠だと考えています。

【リーダーの条件】
・条件①　強い思い
・条件②　共感力
・条件③　統率力

条件①　強い思い

三つの条件の中で、真っ先に求められるのは、「自分は、これだけは何としてもやり遂げたい」という「強い思い」です。「志」と呼んでもいいでしょう。

僕は、仕事をする以上、

「この世界をどのようなものとして理解し、どこを変えたいと思い、そのために自分にできること（自分のやりたいこと）は何か」

という点を認識して、志を持つべきだと考えています。

ですが世界は広いので、一人ですべてを変えることはできません。その世界の中で「自分がすべきことは何か」を考える必要があります。

もしも神様であれば、世界をすぐに変えてしまうことができるでしょう。〝世界経営計画〟のメインシステムを神様は担えるのです。しかしながら、人間にそれは無理です。ならば、自分のできる範囲で、自分に見えている世界をもっと良くしていきたいと考え、動くしかありません。人間の役割は、「〝世界経営計画〟のサブシステム」を担うことにあるのです。

「志を持って、自分にできることをやり抜く」ことが、人間が生きる意味であり、働く意味であり、会社をつくるすべてだと僕は考えています。

条件②　共感力

何事かを成し遂げようと思っても、一人では何もできません。他人の助けを借りたり、仲間を集めて仕事を任せたりする必要があります。

他人の助けを借りるには、リーダーが自らの「強い思い」を吐露し、説明・説得して自分の考えに共感してもらわなければなりません。すなわち、リーダーの二つ目の条件は、「共感力」を持つことです。むしろ「共感を得る能力」と呼んだほうがいいでしょう。

「ぜひ、力を貸してほしい。苦しいかもしれないが、このプロジェクトをやり遂げることができれば、こんなに大きな価値を生み出せると思う」と、なぜそれをやりたいと思うのか、どうすれば実現できるのかを部下に説明し、共感を得る能力がリーダーには求められています。

「本当はこんなことやりたくないけど、社長に逆らうわけにはいかないし……」と、不平不満を口にするようでは、部下の共感を得ることはできません。

条件③　統率力

どんなプロジェクトでも、山あり谷ありは避けられません。「谷」の時期には、メンバーは元気を失います。ですから、何事が起ころうともへこたれずに、仲間を目的地まで引っ張っていく統率力が求められます。

「みんなを最後まで引っ張っていく」といっても、「つべこべ文句を言わず、黙ってついてこい」といった強権力では意味がありません。統率力とは、むしろ「丁寧なコミュニケーション力」と言い換えることができます。

弱っているメンバーがいれば、「大丈夫か？」とか、「○○くん、2～3日休むか」と気遣う。周囲の環境変化や各メンバーの置かれている状況を観察したうえで、メンバーに声をかける力が真の統率力なのです。

リーダーが知るべき「人間の本質」とは？

「強い思い」「共感力」「統率力」の三つがリーダーの必要条件です。とくに、**「強い思い」を持たない人は、リーダーになるべきではないと考えています。**

この三つの条件を身に付けるには、「人間の本質を知る」ことです。

「人間はどういう動物で、どのように行動するのか」を理解しなければなりません。では、どうすれば、人間の本質を知ることができるのでしょうか？

その方法とは、「たくさん人に会い、たくさん本を読み、たくさん旅をして、いろいろな人間と社会の事象を知る」（146ページ）ことに尽きると思います。

第4章

この上司力で「チームの実力」を一気に上げる

「新しいアイデア」は「他人の頭の中」にあった!

「若い世代に任せる」効用——ダイバーシティ

かなり昔の話ですが、作曲家の坂本龍一《さかもとりゅういち》さんが、あるインタビューに答え、「自分に、天分は何もない」と言い切っていたような記憶があります。

「自分の友だちには、音楽家や作曲家がたくさんいる。彼らには、才能もセンスもある。ひらめきも鋭い。けれど自分には、何一つない」というのです。センスも、才能も、ひらめきもないとしたら、どのようにして曲を生み出しているのでしょう?

「頭の中から、昔聴いた音楽を引っ張り出して、古い音符を組み合わせているだけ」——子どもの頃から音楽が大好きで、24時間音楽に触れ、その頃からのインプットが曲づくりの源泉になっていたのです。

坂本龍一さんは、クラシック、ジャズ、歌謡曲からも、さまざまな音符を頭の中に取り入れた。そして、それらを組み合わせて、新しい表現を生み出しました。

ところが多くの人は、彼のようにたくさんの音符が頭の中に入っているわけではありません。組み合わせのパターンも少ないため、新しいアイデアが生まれません。

たくさんの音符を頭の中に入れるには、勉強が必要です。でも、人は、元来とても怠け者です。「仕事が終わったら、ピーター・ドラッカーの本を読もう」と思っていても、会社の同僚から「いつもの店に、すごく素敵なスタッフが新しく入ったらしいよ。今晩、飲みに行かない？」と誘われたら、僕なら「行く、行く！」と返事をしてしまうでしょう(笑)。ドラッカーより素敵なスタッフのほうが、楽しいからです。

だからこそ、ダイバーシティが必要です。若者や女性など、**「自分の頭の中にはない音符」を持っている人たちに、仕事を任せたほうがいい**のです。

「年功序列のおじさんたち」が集まった会社では、新しいアイデアは生まれにくいと思います。おじさんたちの頭の中にある音符は、どの人も似たり寄ったりだからです。

「愚かなのは、出口さんのほうです！」

僕がライフネット生命にいた２００９年夏のことです。僕は20代の社員から、こんな提案を受けました。

「インターネットでのＰＲ企画を考えているので、二子《ふたこ》玉川《たまがわ》へ行って、多摩《たま》川の河川敷に降りてください。するとそこに、『デイリーポータルＺ』（ウェブマガジン）のＨさんが、待ち受けています。出口さんには、３枚の紙皿に、１０００万円、２０００万円、３０００万円と、死亡時の受取金額を書いてもらいます。そして、三つの紙皿を河川敷に置きます」

僕は、この社員が何を考えているのか、さっぱりわかりませんでした。彼は続けます。

「紙皿には、金額を書いた紙と一緒に、３種類の豆を入れておきます。すると、ハトが飛んでくるでしょう？　そして、最初にどの紙皿の豆を食べるかで、Ｈさんが入る保険を決めるんです。つまり、ハトが選んだ生命保険に申し込む、という企画です。出口さん、撮影に立ち会ってください！」

僕は彼の話を聞いて「おまえは、アホか！」と声を上げました。

生命保険は免許事業であり、公共事業です。加入者の収入や家族構成などを考えて金額を決めるものです。「ハトに選ばせるとは、何ごとか！」と。

「ふざけるな。ライフネット生命のマニフェストをもう一度読んで、出直してこい！」

するとこの20代社員は、平然とこう言い返しました。

「愚かなのは、出口さんのほうです！」

世代ごとに「違う音符」を持っている

「そんな発想しかできないから、60代はダメなんです。出口さんは僕のことをふざけているとか、愚かだとか言いますけど、20代、30代がこの企画を見たら、こう考えるに決まっています。『こんなことにチャレンジする生命保険会社は、すごい』って……。この企画を見て、『こんなふざけた生命保険会社には任せられない。解約しよう』と思う20代、30

代は絶対にいません」

彼は「自信がなければ、こんな企画は提案しない」と力説します。そこで僕は、彼の提案に乗ることにしました。「最悪、見た人の4割が罵詈《ばり》雑言《ぞうごん》を吐いても、我慢すればいいだけのことだ」と腹をくくったのです。

結果は、どうだったか……。

大成功でした！

ライフネット生命を非難する書き込みはほとんど「ゼロ」だったのです。それどころか、好意的な書き込みをたくさんいただきました。

「暑さに耐えてよく頑張った。感動した！」

「大企業にはとても真似できないゲリラ的ＰＲ手法」

「すべてがパーフェクト！（笑）ちくしょう、ライフネットのことを調べたくなったじゃないか」

ライフネット生命のホームページへのアクセスも増え、たくさんのお申し込みをいただくことができたのです。

このとき痛感したのは、**60代に、20代、30代の考えは「わからない」**ということです。

「60代は、20代も30代も経験してきているので、下の世代の考えがわかる」と思いがちですが、そんなことはなかったのです。

僕がいくら考えても「ハトに生命保険を選ばせる」という発想は出てきません。僕の中にある音符では、そのアイデアを紡ぎ出すことはできないのです。

その後は、「PR効果があるのなら、若い社員の言う通りにする」と決め、10万契約突破を記念して納豆を10万回混ぜてみたり、タレントのスギちゃんのような格好をしたり、いろいろアホなことをやらされました（笑）。

ライフネット生命が「60代をターゲットにした会社」なのであれば、僕のほうがいいアイデアが浮かんだでしょう。

けれど、20代、30代に訴求するのであれば、20代、30代の社員に任せたほうがいい。なぜなら、世代ごとに「違う音符」を持っているからです。

任せられるから、「できるようになる」

任される側のメリット――「やる気」「成長」「責任感」

任せる側の効用は、ダイバーシティ。では、任される側（部下）のメリットは、何でしょうか？　僕はおもに三つあると考えています。

【仕事を任される側のメリット】
①存在価値が認められ、やる気が出る
②成長する（視野が広がる）
③責任感が身につく

①存在価値が認められ、やる気が出る

人間には、承認欲求（人に認められたいという感情）があります。

人は、承認欲求が満たされると、やる気や楽しさを覚えて、元気になります。「仕事を任される」とは、言い換えると「上司から信頼されている、認められている、リスペクトされている」こと。だから、モチベーションが上がります。

部下の承認欲求を満たすには、「部下を肯定的に評価する」ことです。簡単にいえば、「褒める」ようにします。

仕事は「60点で合格」なのですから、「できなかった40点」には目をつぶる。「どうして１００点が取れないんだ！」と叱りすぎると、部下は萎縮《いしゅく》し、やる気を失います。

人は、「褒める」と「叱る」の割合が「３：１」でないと、ポジティブな気持ちを保てないと言われています。「ロサダの法則」といって、心理学者マルシャル・ロサダが提唱する理論です。

優良会社では「６：１」の割合で、超優良会社では「９：１」の割合で部下（任せた相手）を褒めているそうです。

「不出来な社員は褒められない」という上司がいますが、その発言は、理解が浅い。「廊下で会ったときににっこり笑う」とか、「やあ元気?」と声をかけるのも、褒めることの一つだと思います。「ロサダの法則」の本質的な意味は、一人ひとりをリスペクトすること。肯定的なシグナルを送ることです。

日本生命で国際業務部長だった頃、僕が抱えていた部下の数は、全世界で約250名。僕は海外駐在のすべての部下に対して、年に1回は、必ず顔を見に行っていました。たとえ部下が遠く離れた町に赴任していても、です。

電話やメールで「君たちの活躍が会社の将来に役立つ」と伝えたところで、部下のやる気は引き出せません。部下をリスペクトするなら、世界のどこにいようと、最低でも1年に1回は顔を見に行き、直接、声をかけるべきだと思います。

②成長する（視野が広がる）

70ページでも説明しましたが、一段高い仕事にチャレンジすれば、視野が広がります。「器が人をつくる」と言われているように、一段高いところに登らされると、「期待に応《こた》えようと頑張り、自然と成長していく」ものです。

「できるようになったから、任せる」のではありません、順番が逆です。

「任せるから、できるようになる」のです。

同様に「少数精鋭」という言葉があります。この言葉は、「精鋭の人を少数集める」といった意味として使われることが多いようですが、僕の考えは違います。「少数だから、精鋭にならざるを得ない」のです。

③責任感が身につく

ひとたび仕事を任されたら、権限に対応する責任を負うことになります。

部長から「1週間後の会議で、オレの代わりに○○○について説明してほしい」と言われたら、責任を持って説明するしかありません。当日「準備できなかったから」との理由で休むわけにはいきません。

権限と責任はセットになっています。任された以上は、責任を持ってやり通すしかありません。責任感とは「どんなときにも、ベストを尽くす」ことなのです。

「好き嫌い」「怒り」——感情を出しすぎてはいけない

感情を整えるには、体調を整える

人間は感情の動物なので、喜怒哀楽が顔に出るのはしかたがありません。ですが、**上司は、できるかぎり「感情の起伏」を抑えたほうがいいと思います**。とくに「好き嫌い」と「怒り」は、表に出しすぎないようにしましょう。

人間の脳は「好き嫌い」が激しく、自分の見たいものしか見ない、あるいは、見たいように事実を変換する働きがあるそうです。その結果、自分の趣味嗜好《しこう》を仕事に持ち込んでしまったり、自分と「あうんの呼吸で仕事をできない人」を遠ざけようとしたりします。

ところが、嫌いな人、自分とは合わない人を排除すると、組織が同質化して、多様性(ダイバーシティ)が失われてしまうことになります。

会社は、営利を目的としています。たとえ部下の中に「あうんの呼吸で仕事をできない人」がいたとしても、会社の利益のために、その相手の話にきちんと耳を傾けなければなりません。

かくいう僕は、好き嫌いの激しい人間です。それでも、「物事に対する先入観は持たない」ほうだと思います。仕事を任せる以上は、どんな部下に対しても心を開いて、「事実を事実として素直に見る」ように心がけています。

部下が僕に「出口さんは、愚かだ」と辛らつな言葉を浴びせてきたのも、「出口さんなら、何を言っても、きちんと話を聞いてくれる」「出口さんは好き嫌いで判断はしない」と部下が認識しているからではないでしょうか。

「怒り」も、極力、表には出さないようにすべきです。

上司は人事権を持っていますし、ただそこに座っているだけでも威圧感を与えることがあります。「ロサダの法則」が証明しているように、怒られて喜ぶ人はいません。

怒りの感情をコントロールするには、僕の経験上、次の二つの方法が効果的です。

①体調を整える……体調が悪いと精神状態も荒れやすいので、よく寝て、よく食べます。
②深呼吸をする……相手から都合の悪いことを言われると、カッとなってすぐに言い返したくなります。そんなときは深呼吸をして「出かかった言葉を飲み込む」のです。深呼吸をすれば、その間に考えを整理できるので、感情的な発言をしないですむでしょう。

どうしても「怒り」が抑えられないときは

何をしても怒りをコントロールできない人は、

「何を考えているのかが、わかりやすい人」

「感情がすぐに顔に出る人」

になるという奥の手もあります。日本生命時代の僕は、このタイプでした。

当時の僕は、部下から「楽勝な上司」と言われていました。なぜ楽勝なのかといえば、感情がすぐに顔に出るからです。

「出口さんは、怒っているか、笑っているかのどちらかしかない。だから、笑っているときに話しかければ、話が早い。怒っているときは、厄介な話は持ちかけない。だから楽勝なんです」

感情の起伏を抑えることができないのなら、いっそのこと感情をハッキリ出す。「何を考えているのかが、わかりやすい上司」になれば部下も話しかけやすくなると思います。

どんな部下でも「信頼したほうが得」

僕は基本的に「どんな部下でも、信頼したほうが得だ」と考えています。部下がどんなタイプであれ「信頼するしかしょうがない」と割り切っています。

僕は面倒なことが嫌いなので、「信頼するかどうかは、仕事のしかたを見てから決めよう」「信頼を裏切られるのは嫌だから、しばらく様子を見よう」「こいつの忠誠度を試してみよう」なんて遠回しなことはしません。

「部下と一緒に仕事をするのなら、もう信頼したほうが得や。裏切られたとしたら、信頼したこっちが悪い。いちいちギブアンドテイクを計算するのもめんどくさい。端《はな》から部下を信頼して、ギブしてしまって、テイクがいくつか取れたら、それでええ。先に自分から信頼したら、相手の信頼も返ってくるだろう」

と考えているのです。

どんな部下でも、信頼する。どんな部下でも、使う。それが僕のスタンスです。

よく「部下は上司を選べない」と言いますが、基本的には上司側も同じです。

なかには「あいつをくれ」「あいつじゃなきゃ、この仕事は任せられない」と名指しして引き抜く部課長もいるかもしれませんが、僕の場合は、日本生命にいたときも、一度も人事に要求をつけたことはありませんでした。

もちろん生身の人間ですから、好き嫌いをゼロにすることはできない相談かもしれません。それでも感情をコントロールしながら、分け隔てなく、平等に接する。**どんな部下でも使うのが、優れた上司**だと思います。

「感情のコントロール」も重要

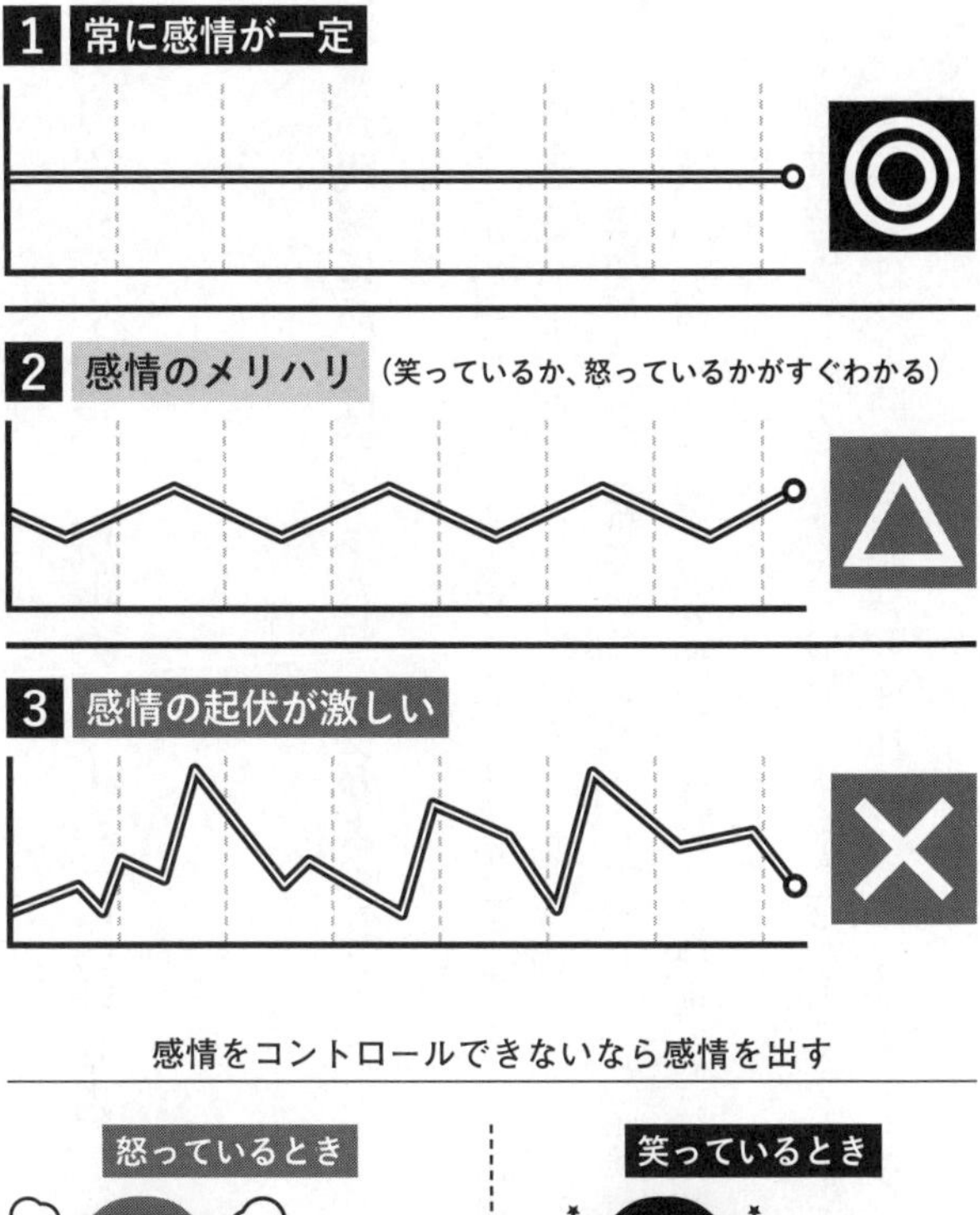

感情をコントロールできないなら感情を出す

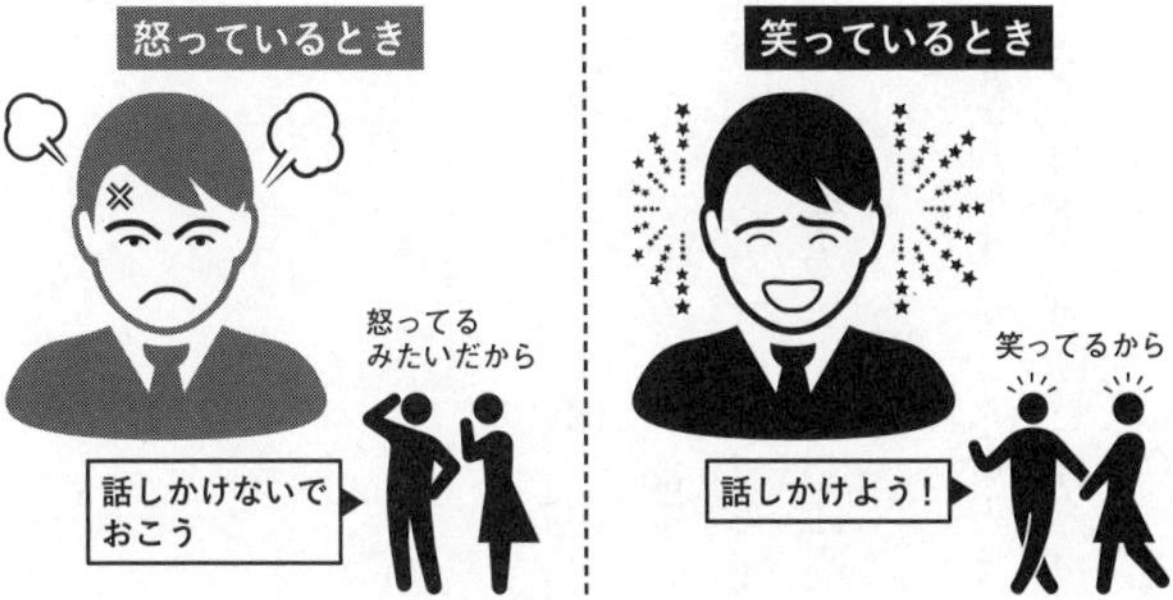

人材のリクルートは、「現場のチーム」に任せる

人事権が現場にあれば、チームワークがよくなる

ライフネット生命では、「チームワークがすべて」だと考え、採用にあたっては、現場の意見を尊重していました。

たとえば、「生命保険会社で新契約の査定を3年以上行った経験がある方」という一定のスペックを持つ人材の中から一人を選ぶときには、原則として「配属先のチーム」に選ばせるようにしていました。

僕は、参考程度に「嘘偽りなく、信用できる人物かどうか」「陰日向《かげひなた》のない人かどうか」などを見るだけ。人間的に問題がなければ、どの人を採用するかは現場判断に任せていたのです。

ＣＥＯやＣＯＯが強い人事権を持っていると、「自分の好みに合う人」や「茶坊主」ばかりが集まってしまい、ダイバーシティを根付かせることはできません。

ですので、**採用は、ＣＥＯやＣＯＯではなく「現場に任せる」のが基本**です。いろいろな人が見たほうがいいのです。社員を採用するときは、現場に任せたほうが、チームワークが良くなると思います。

「自分とは正反対の人」を採用する

ベンチャー企業が、「これからダイバーシティを促進しよう！」と思うなら、

・「自分と正反対の人」
・「社内にはいないタイプの人」
・「異質な人」

を採用するのが近道です。

ライフネット生命を創業するとき、僕が岩瀬とパートナーを組んだのは、彼が「正反

対」だからです。僕は60歳過ぎで、生命保険に詳しい。彼は30代で、生命保険のことを知りません。だから、補完し合えるのです。

20代が活躍するベンチャーなら、40代を入れてみる。男性だけの職場なら、女性を入れてみるのもいいと思います。

「自分とは正反対の人」は「グループ」で採用する

社内を早く、大きく活性化したいなら、「自分と正反対の人」「社内にはいないタイプの人」「異質な人」を、グループで採用したほうがいいでしょう。

一人だけでは、戦えません。既存社員に取り込まれてしまう可能性があります。会社の規模にもよりますが、できれば、一度に4～5人採用して「異質な人の集団」をつくるのです。

たとえば、新聞記事で読んだ話ですが、人材派遣会社のテンプスタッフは、「異質な人の集団」の力で改革を断行した会社のようです。もともと、テンプスタッフの社員は女性のみ、でした。

創業者の篠原欣子《しのはらよしこ》さんは、「女性の集団は、守りは強いけど、攻めは弱い傾向にある」と感じ、1986年から男性社員を採用します。

やがて、既得権を守ろうとする女性社員と、改革を望む男性社員の間で、〝戦争〟が勃《ぼっ》発《ぱつ》。篠原さんのもとには、7名の男性社員から、「要求が受け入れられなければ、私たちは辞めます」と記された血判状が届けられたくらいだそうです。

結果的に改革は成功しました。これは、男性社員を「グループ」で採用し、戦える集団をつくったからです。もし一人だけ男性社員を採用していたら、その人がどんなに強い人であっても、改革につながることはなかったかもしれません。

第5章

「時間を殖やす」「成果を殖やす」人材マネジメント

「知っている人」を知っている人は、任せ方がうまい

「人に聞く」ほうが効率的だった事例

僕は、たくさんの本を読み、たくさん旅をして、たくさんの人に会っています。それでも、知らないことは、まだまだたくさんあります。人間の能力も、時間も、有限です。有限である以上、一人の人間が「何もかもすべて知っている」ようにはなれないのです。

だとしたら、**「知っている人に、聞く」**のも、**一つの方法**ではないでしょうか。

自分にはわからないこと、自分にはできないことは「わかる人、できる人」に任せればいいのです。

ライフネット生命の開業準備をしていたとき、20代のメンバーで構成されているNPO

から、「寄付をもらうためのアドバイスがほしい」との依頼がありました。僕が手を貸すとなると、時間がかかります。多忙を極めていたからです。

時間が無限にあるのなら、僕でも力になれたでしょう。けれど、時間は有限です。だとしたら、「僕ではなく、彼らの力になれる人材を見つけて、紹介したほうが早いのではないか」と考えた。そして、僕の友人を紹介したのです。

「こんな若者たちがいるんだけど、おまえ、めっちゃ人脈広いじゃない。ちょっとアドバイスしてやってほしいんだけど」

すると友人は、「会社を定年になったばかりで暇やし、喜んでいくわ」と、快諾してくれました（彼のおかげで無事に寄付がもらえたそうです）。

僕は、何もしていません。NPOと友人をつないだだけ、です。でも僕よりも寄付金集めが上手な友人に「任せた」ことで、間接的に役に立つことができたのです。

APUにも、「力を貸してほしい」「人を紹介してほしい」と学長室を訪れる学生が大勢います。

あるインド人学生が僕のところにやってきて、「自分でビジネスを立ち上げました。いいプランだと思っています。しかし、資金がありません」と相談してきたことがありました。学生が自分でお金を貯めてから起業するには、時間がかかります。だとすれば、出資者を探したほうが近道です。このときも僕はつなぎ役として、彼に、ベンチャーキャピタル（投資会社）を紹介しました。

「友人の友人は友人」

ライフネット生命という社名は、「ライフネットの生命保険マニフェスト」とともに、日本を代表するコピーライターの一人、小野田隆雄《おのだたかお》さんの手によるものです。

そして、ライフネット生命のシンボルマークは、日本を代表するグラフィックデザイナー、松永真《まつながしん》さんによるデザインです。

この二人が力を貸してくださったのは、「僕が彼らのことを知っていたから」ではありません。開業準備に追われていたとき、ライフネット生命の生みの親の谷家衛《たにやまもる》さんが、「出口さんと岩瀬くんだけじゃ、とても広報までは手が回らないね」と言って、Mさんという友人の女性を紹介してくれました。そして、Mさんが、「会社のシンボルマークとタグライン（キャッチフレーズやスローガン）は私に任せてください」というので、お願いすることにしたのです。

こうした経緯を経て、Ｍさんが話をまとめてくださったのが、小野田隆雄さんと松永真さんでした。

谷家さんに任せ、Ｍさんに任せ、小野田さんと松永さんに任せることで（もちろん、最終的な判断は僕が行いましたが）、素晴らしい「社名」「シンボルマーク」「マニフェスト」ができ上がったのです。

僕は「友人の友人は友人」と考えています。人の能力も、時間も有限なのですから、何もかも、「自分一人で、できる」と考えるのは、愚かなことです。人はそれほど、優秀ではありません。

「知っている人を知っている」のなら、その人に「任せてしまったほうがうまくいく」ことのほうが多いのです。

餅は餅屋。専門家に任せたほうがいい場合

グーグルを成功させた「思い切った任せ方」

「餅《もち》は餅屋」ということわざがあります。「餅は、餅屋がついたものがいちばんうまい。何ごとにも専門家がいるので、専門家に任せるのがいちばん良い」という意味です。

たとえば、グーグル。グーグルは、スタンフォード大学の博士課程に在籍していたラリー・ペイジとセルゲイ・ブリンによって創業されました。

ところが彼らは、ビジネスのアイデアは出せるけれど、マネジメントができなかった。そこで、エリック・シュミットに経営を任せることにします。シュミットに任せたことで、二人は、「苦手なことはやらずに、得意なことに注力できるようになった」わけです。

ライフネット生命の場合なら、マーケティングの一切は、当時の常務取締役、中田華寿《なかだかず》

子《こ》（現アクチュアリ株式会社　代表取締役）に任せていました。彼女は、スターバックスコーヒージャパンや、ＧＡＢＡ（英会話）などでマーケティングとＰＲを担当したスペシャリストです。彼女に任せたことで、ライフネット生命のマーケティングは大きな成果を上げました。

ベンチャー企業の創設者の中には、「どうやって銀行と交渉していいのかわからない」「銀行交渉が苦手」と悩む人がいます。そんなときは、人材ビジネスのマーケットから中途採用で銀行員を見つけてくればいいのです。

時間が無限で、いつまでも歳を取らないのであれば、自分で銀行交渉を学ぶこともできます。けれど時間は有限です。苦手なことに費やしていたら、得意なことに割ける時間がなくなります。

経営は「スピードが命」です。不得意なこと、苦手なことを勉強しているうちに、置き去りにされてしまうでしょう。

「スピードが速い」ほうが評価される

時代の変化を称して「ドッグイヤー」（犬は人間の約7倍の速さで成長するとされることか

ら、時代の移り変わりの速さをいう）といいますが、変化する市場に影響力を与えるには、スピードを速くするしかありません。

物理の法則で考えてみましょう。衝撃力（影響力）は、質量とスピードの積です。

衝撃力（影響力）＝質量×スピード

質量を人間の能力に置き換えたとします。能力が上がれば衝撃力は上がりますが、残念なことに、人間の能力は大差ありません。同じ能力のまま衝撃力を上げようと思うなら、「スピードを高めなければならない」のです。

二人の部下に同じ仕事を任せて、二人とも同じ質の仕事を上げてきたとします。ですが、スピードが違いました。一人は「任せた翌日」に仕上げ、一人は「１週間後」に仕上げてきたとしたら、どちらを評価しますか？　質が同じなら、スピードが速いほうが評価されるに決まっているでしょう。

「質量が変わらないなら、スピードがすべて」。不得意なことに時間をかけている場合ではありません。自分に足りない能力があるのなら、「自分の不得意を補ってくれる人材」

＝「専門家」を見つけ、任せる。自分は、得意なことに集中する……。

仕事や経営のスピードを速めたいなら、**自分の不得意なことは専門家に任せ、自分の時間は「得意なことをやるために使う」**ことが最善だと思います。

あえて「素人に任せたほうがいい」場合もある

「餅は餅屋だから、専門家に任せたほうがいい」と説明しましたが、例外的に、「あえて、専門家ではない人材に任せたほうがいい」場合があります。

それは、業界の常識に縛られたくないときや、消費者の目線が求められるときです。

僕がＡＰＵの学長に選任された理由の一つも、「大学を知らない素人だったから」です。

日本の大学の多くは、学長を学内（または外部の学長経験者）から選ぶのが慣例です。初代学長の坂本和一《さかもとかずいち》さん、２代目学長のモンテ・カセムさんも、もともとは立命館大学の教授でしたし、３代目学長の是永駿《これながしゅん》さんは元大阪外大の学長です。

４代目の学長選出にあたっては、日本の大学では異例の公募が実施されました。立候補した人、推薦人から推挙された人、トータル約１００人の中から、僕が選ばれたそうです

（何人かが僕を推挙してくださいました）。最終候補者の中で経済界からは僕だけだったそうです。

元APU副学長で、現在は佐賀女子短期大学の学長を務める今村正治《いまむらまさはる》さんは、僕が学長に選ばれた理由を、

「スケールの大きな『改革者』でありビッグな『アマチュア』だったから」

と述べています（参照：『日経ビジネス』「APU出口学長、就任7カ月で何が変わった？出口治明のAPU学長日記番外編―今村副学長の告白（後編）」2018年10月29日配信）。教育界のアマチュアであれば、常識や思い込みに縛られず、改革を断行できるということでしょう。素人だからこそ、既存の常識を疑い、既存の枠からはみ出すことができるのです。

ライフネット生命の立ち上げの際、僕が「若くて、生命保険を知らない人材」（＝岩瀬大輔）を求めたのも、まったく新しい独立系の生命保険会社をつくることが「消費者のメリットになる」と考えたからです。

僕が勤めていた日本生命から、気心の知れた同僚を連れてくることもできたでしょう。でもそれでは、生命保険の常識が邪魔をして、大きな飛躍は望めなかったと思います。

専門家に任せるとき、素人に任せるとき

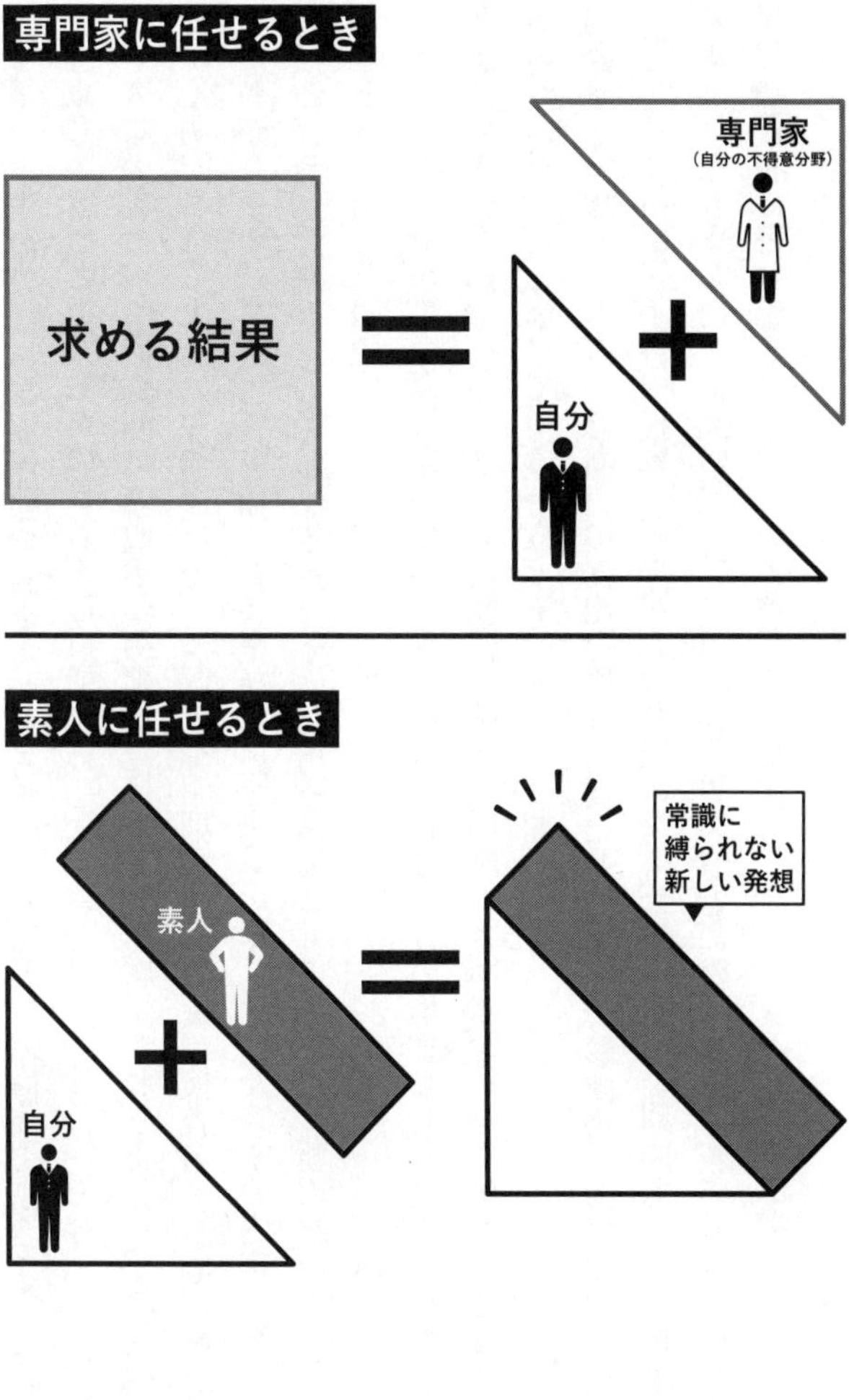

ライフネット生命では「医療保険の請求にかかる医師の診断書」が原則不要です。「診断書を廃止しよう」と提案したのは若手社員です。

2008年の春に、医療機関の領収書（明細書）に関する制度が変わりました。診察内容が細かく明記されるようになったため、領収書や明細書を見れば、検査名や診療報酬点数などがわかります。そのことを知った若手社員は、「こんなに詳しく診察の内容がわかるなら、わざわざ診断書をもらわなくたっていいのでは？」と考え、「診断書をなくしましょう」と言い出したのです。

ライフネット生命が生命保険業界のベテランOB、OGだけの集まりだったら、このような発想は生まれなかったでしょう。「医療保険は、医師の診断書があってはじめて支払われるのが常識」だと信じているからです。

簡易請求を実現し、医師の診断書の提出を原則不要にしたことで診断書の取得費用（相場として5000円から1万円程度）が不要となり、また、支払いまでの期間も大幅に短縮できるようになりました。「専門家ではない人」「業界の慣習に縛られない若い人」に任せた結果、消費者に寄り添うアイデアが実現したのです。

「ほしい人材・情報」をコストをかけずに集める方法

SNSは、こう活かす

「知っている人」を知らなかったり、専門家がどこにいるのかわからなかったりすれば、マーケットから買ってくる、あるいは見つけてくる。

人材派遣会社に頼んでもいいですし、お金をかけたくなければ、フェイスブックやツイッターを利用してもいいでしょう。SNSを使えば、コストをかけずに人材を探せます。

たとえば、SNSに次のように書いて、ダメ元で公募してみればいいのです。

「僕は30歳で、ベンチャー企業を起こしたところです。ウェブデザインやマーケティングには詳しいのですが、経理のことがまったくわかりません。なので、経理に詳しい人を探しています。どなたか、僕と一緒に働きませんか？　興味のある方は、メッセージください！」

このように、

「自分がどのような状況に置かれているのか」

「どのくらいのタイムスパンの話なのか」

「何が足りなくて、何を求めているのか」

を明確にして、情報を発信します。たとえ人材が見つからなくても、コストはゼロなので、懐は痛みません。

興味があったら、ダメ元で聞いてみる。恥ずかしがらずに聞いてみる。それくらいの「オープンな気持ち」を持つべきです。

「6次の隔たり」という仮説があります。

「自分の知り合いから6人介すると、世界中の人々と間接的な知り合いになることができる」という考え方です（インターネット社会となり、現在は、「4次の隔たりでつながっている」ともいわれています）。つまり、オープンな気持ちを持って、どんどん人に聞いていけば、理論上は、必ず人材が見つかるわけです。

僕のところに、神戸《こうべ》在住の高校生から1本のメッセージが届いたことがあります。

この高校生は、ある講演会を聴講した際、登壇していた講師が「出口さんという、ものすごくおもしろいおじさんがいる」と話すのを聞いて、僕に興味を持ったそうです。

質疑応答の時間に彼は手を挙げ「僕も、出口さんのお話を聞いてみたいですが、どうすればいいですか？」と問うと、講師は「フェイスブックやツイッターを使えば、出口さんと連絡がとれるかもしれない」とアドバイスをしたようです。

そして彼は、本当にフェイスブックからメッセージを送ってきたのです。

「僕は、神戸に住む高校生です。会ってお話をさせていただけませんか？」（僕にメッセージを送った経緯が詳しく書いてありました）

僕は彼に返信しました。

「1週間後に大阪に行く用事があります。30分だけならお話しできますが、大阪に来ることはできますか？」

彼は、「興味があるなら、ダメ元で連絡をしてみる」というオープンな気持ちを持っていました。だから、二人は会うことができたのです。

オープンな気持ちを持つ。そして、

「自分がどのような状況に置かれているのか」

「どのくらいのタイムスパンの話なのか」

「何が足りなくて、何を求めているのか」

を正確に伝える。そうすれば、コストをかけなくても、「自分に必要な人」「任せてみたい人」がきっと見つかると思います。

自分の「コア・コンピタンス」は残し、それ以外はアウトソーシングする

「自前主義」では時代の変化についていけない

企業は、かつてのように「自前主義」（会社がみずから、業務にかかるすべての資源を所有すること）では成り立たなくなっています。すべてを自前でまかなおうとすれば、コスト面でも、スピード面でも、社会の動きに追随しきれないからです。

したがって、アウトソーシングをして、業務の一部を他企業（外部の専門業者）に任せることも選択肢の一つです。

たとえば、アパレルメーカーが、「新しいセーターを売り出そう」と考えたとします。するとこれまでは「セーターを企画して、デザインを起こして、実際に編み込んでみて、

完成品を売る」といったビジネスラインをすべて自前で行おうとしていたわけです。

しかし、自社で新しく設備を導入したり、人材を育成したりしようとすると、時間とコストがかかります。経営はスピードが命ですから、ぐずぐずしてはいられません。

だとすれば、「自社の苦手な部分」や「外注するとコスト削減が見込める部分」は、外部の専門業者に任せたほうがいい。

ビジネスラインを細かく分けて、餅は餅屋に任せる。不得意分野や未発達分野を外へ依頼すれば、自社の得意分野に特化して業務に集中できるでしょう。

アウトソーシングの判断基準は「コスト」と……

アウトソーシングをするときは、「ビジネスラインのどの部分を外部に任せるのか」を判断する必要があります。

判断基準の一つは、「コスト」です。自前で行うよりも、「コスト削減が見込めるのはどこか」を考えます。「規模の経済」（まとめて生産することで、単位あたりのコストが下がる）を考えると、少量の生産をするために、大掛かりな開発投資、設備投資をするのは馬鹿げています。

もう一つは、「コア・コンピタンス」。

会社にとって「いちばん付加価値の高いところ」は、アウトソーシングしてはいけません。アパレルメーカーのコア・コンピタンスが商品の企画力にあるのなら、その部分は外部に任せてはいけません。

ものづくりの会社の場合、付加価値が高いのは、一般に、ビジネスラインの「上流」と「下流」といわれています。セーターの例でいえば、上流の「どのようなセーターを売り出すか」（商品企画）と、下流の「完成品を売る」（営業）は、価値が高い。一方で、「中流」のアセンブリ（つくる、組み立てる）は、それほど価値が高くありません。

したがって、自社がもっとも価値を提供できる部分（コア・コンピタンス）は残し、「自社の不得意分野」や、「価値を生み出せない部分」をアウトソーシングするのが基本的な考え方です。

アウトソーシング先は「自社の社員」と同等に扱う

アウトソーシング先の選び方は、「コスト」のほかにも、「リスク管理」を重視することが大切です。もし、顧客情報などが流出したら、結果的に「本体の責任」になるため、信頼できるかどうか、機密が守れるかどうか、情報漏洩《ろうえい》の恐れはないかを吟味してアウトソーシング先を選ばなくてはいけません。

僕は、**「アウトソーシング先は、社員と同じように扱うべき」**だと考えています。

社員の採用試験に面接があるように、アウトソーシング先を決めるときも、先方の社長と、時間をかけて「面談」をする。そして、「信頼関係が築けるかどうか」を確認します。

ライフネット生命では、「正直に経営を行い、わかりやすく、シンプルで安くて便利な商品・サービスの提供を追求する」という創業理念（マニフェスト）を経営の柱としていました。だとすれば、アウトソーシング先の社長にも、われわれのマニフェストに共感してもらう必要があります。先方の社長が「うちは正直さよりも儲《もう》けることが大事」と考えているのなら、たとえコストが安くても、一緒に仕事をすることは考えられません。

自社の「コア・コンピタンス」はアウトソーシングしない

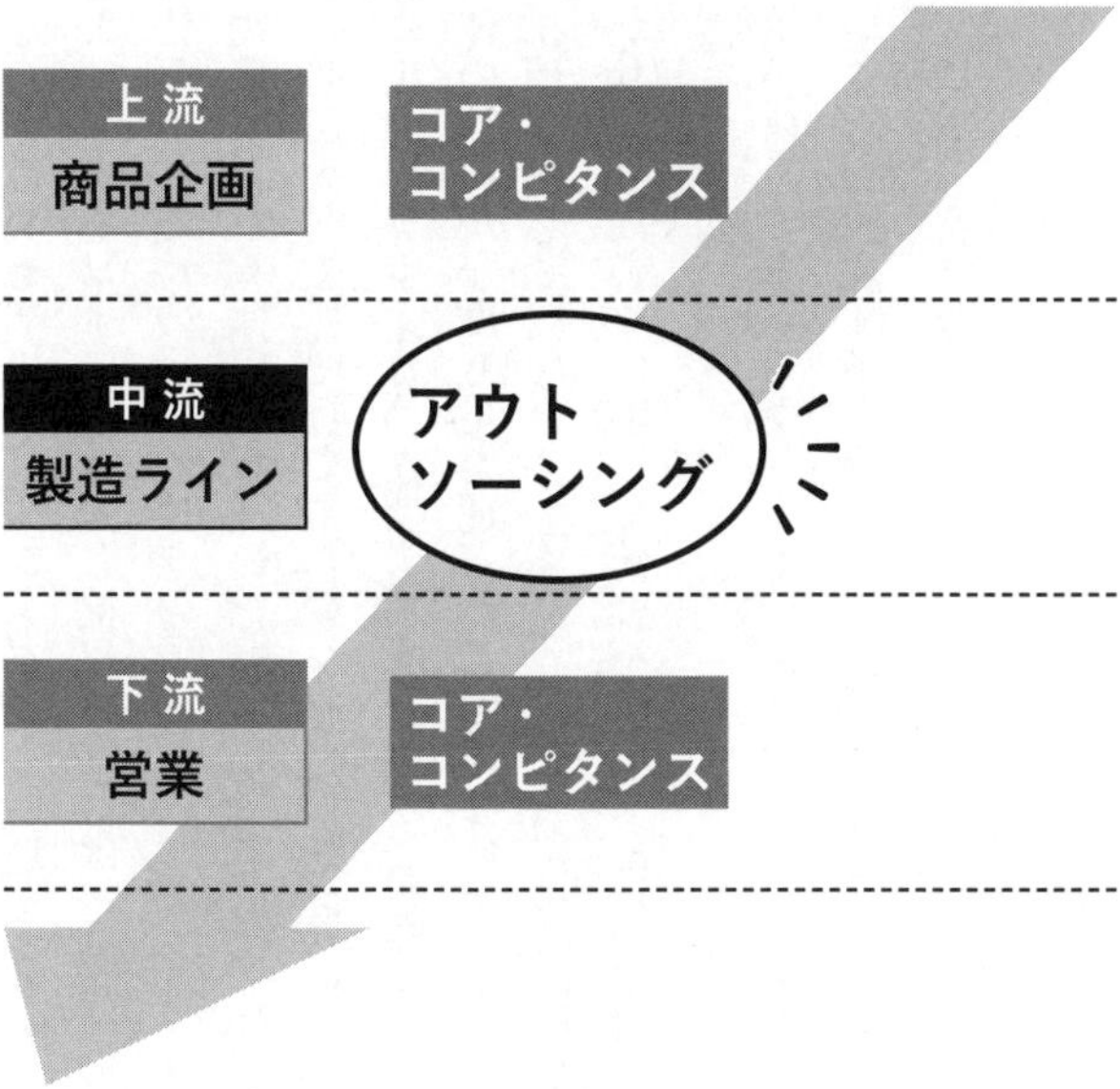

アウトソーシング先とも理念を共有する

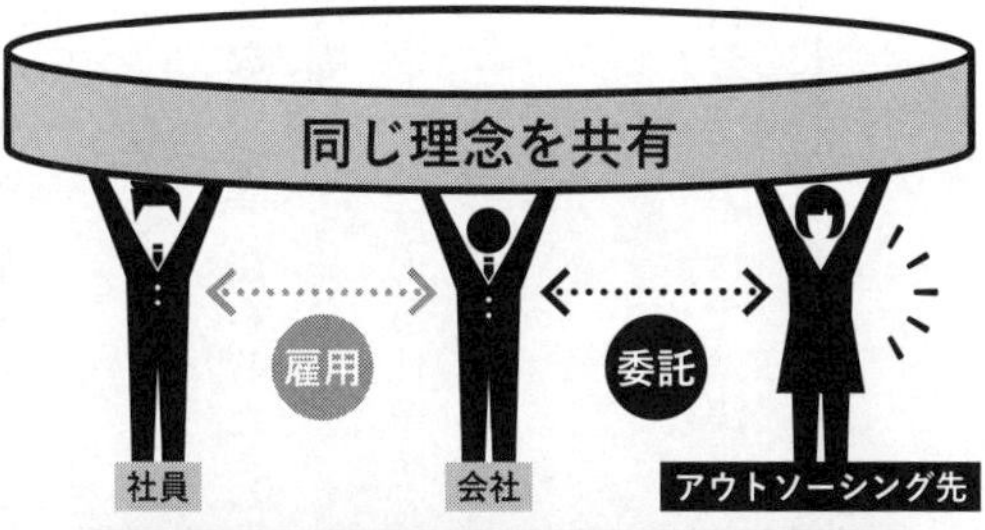
アウトソーシング先と社員の違いは雇用形態だけ

僕なら、社員もアウトソーシング先も「理念を共有できる人を選ぶ」でしょう。突き詰めると、アウトソーシング先と社員の違いは、「雇用形態」だけです。外で仕事をするか、中で仕事をするかの違いだけなのです。

上司は、新しく採用した社員を野放しにすることはありません。新入社員をよく見て、仕事の進捗《しんちょく》状況を管理します。アウトソーシング先も社員と同じなのですから、ときには先方に出向いて、「任せた仕事がきちんと行われているのか」を確認すべきです。

本体の社員が一度も足を運んだことのないアウトソーシング先が、責任ある仕事をしてくれるとは思えません。「アウトソーシング先に仕事を任せる」ときも、マネジメントはしっかりする。必要に応じて監査をするなど、緊張関係を保つことも必要です。

相手が社員でも、アウトソーシング先でも、いずれにしろ、自分一人だけでは決してできないことを実現するためには、「何を任せるか」、そして「いかに任せるか」がとても大切なのです。

おわりに

僕が「管理者として今でもかなわない」と思う人がいます。

日本生命時代の元専務、森口昌司さんです。この人は、とにかくスケールが大きく、ゴルフと麻雀《マージャン》とお酒が大好きで、はちゃめちゃな上司でした（笑）。

日曜出勤を命じられて（なぜか決まって3名が命じられる）仕事をしていると、本人はどこかで居眠りをしています。午後6時になると起き出して「日曜日に仕事してもらって、悪いな。メシでもおごるよ。そうだぁ〜、麻雀しながらでもメシ食えるな。ちょうど4人だし」と言って、麻雀をしに行くわけです。休日出勤は言い訳で、端《はな》から麻雀が目的だったのかもしれません（笑）。

日中は、いつもうつらうつらしていましたが、反面、仕事はめちゃめちゃできる上司でした。とくに、**「上司としての感覚」（権限の感覚や秩序の感覚）**に長《た》けていました。

課長会に出席した、〝課長代理〟が何かを発言したとします。すると森口さんは「それは、課長の意見か、おまえ個人の意見か、どっちや。課長の意見をきちんと聞いてくるか、『おまえに一任する』という委任状がないかぎり、代理とは言わない。おまえ個人の意見なら、黙っていろ！」と一喝するのです（これは、権限の感覚として正しい）。

あるとき、僕と森口さんが会議に出席しようとすると、他部署の上長から「出口くん、君は出て行ってくれ」と命令されたことがあります。

すると森口さんは「この男が一番わかっている。出口は出ていかんでいい」と言ってくださいました。部下の仕事は上司よりも「狭く、深い」ことをわかっているからこその発言です。

ライフネット生命には、僕と「親と子ぐらい歳が離れた社員」がたくさんいました。僕が彼らに仕事を任せていたのは、森口さんのように、「誰に、何を、どのように任せれば組織が動くのか」を柔軟に考えていたからです。

もちろん僕はまだ、森口さんの域には達していません。これからも「性別、年齢、国籍を超えて、さまざまな人たちの意見に耳を傾けていこう」と思っています。

70代の僕ではカバーできない「多様性（ダイバーシティ）」を確保することでしか、グローバル社会に対応することはできないからです。

拙《つたな》い本ですが、最後まで読んでいただきありがとうございました。また、本書の編集をしてくださったKADOKAWAの間孝博《あいだたかひろ》さん、原稿をまとめていただいた藤吉豊《ふじよしゆたか》さんには大変お世話になりました。ありがとうございました。

読後感を、hal.deguchi.d@gmail.com までお寄せいただけたら、とてもうれしいです。

本書は、二〇一三年一一月に小社より刊行された『部下を持ったら必ず読む「任せ方」の教科書』を加筆、再編集の上、改題したものです。

出口治明（でぐち・はるあき）
1948年、三重県生まれ。立命館アジア太平洋大学（APU）学長。ライフネット生命保険株式会社創業者。72年、京都大学法学部を卒業後、日本生命保険相互会社に入社。企画部や財務企画部にて経営企画を担当する。ロンドン現地法人社長、国際業務部長を経て2006年に退職。同年、ネットライフ企画株式会社を設立し、代表取締役社長に就任。08年、生命保険業免許取得に伴いライフネット生命保険株式会社に社名を変更。12年に上場。社長、会長を10年務めたのち、18年より現職。主な著書に『生命保険入門 新版』（岩波書店）、『全世界史（上・下）』（新潮文庫）、『人生を面白くする 本物の教養』（幻冬舎新書）、『0から学ぶ「日本史」講義（古代篇／中世篇／戦国・江戸篇）』（文藝春秋）、『哲学と宗教全史』（ダイヤモンド社）、『座右の書『貞観政要』』（角川新書）、『人類5000年史（1〜4）』（ちくま新書）、『還暦からの底力』（講談社現代新書）、『「捨てる」思考法』（毎日新聞出版）、『一気読み世界史』（日経BP）などがある。

決定版《けつていばん》　「任《まか》せ方《かた》」の教科書《きようかしよ》
部下《ぶか》を持《も》ったら必《かなら》ず読《よ》む「究極《きゆうきよく》のリーダー論《ろん》」

出口治明《でぐちはるあき》

2023年 2月 10日　初版発行

発行者　山下直久
発　行　株式会社KADOKAWA
〒102-8177　東京都千代田区富士見2-13-3
電話　0570-002-301（ナビダイヤル）
装 丁 者　緒方修一（ラーフイン・ワークショップ）
ロゴデザイン　good design company
オビデザイン　Zapp!　白金正之
印 刷 所　株式会社暁印刷
製 本 所　本間製本株式会社

角川新書
 ISBN978-4-04-082463-5 C0234

KADOKAWAの新書 好評既刊

ヴィーガン探訪
肉も魚もハチミツも食べない生き方

森 映子

肉や魚、卵やハチミツまで、動物性食品を食べない人々「ヴィーガン」。一見、極端な行動の背景とは？ 実験動物や畜産動物の問題を追い続けてきた非ヴィーガンの著者が、多くの当事者や企業、研究者に直接取材。知られざる生き方を明らかにする。

テキヤの掟
祭りを担った文化、組織、慣習

廣末 登

商売の原初の形態といえるテキヤの露店は、消滅の危機にある。縁日を支える人たちはどのように商売をし、どう生活しているのか？ テキヤ経験を有す研究者が、縁日の裏面史を浮き彫りにする！ 貴重なテキヤ社会と裏社会の隠語集も掲載。

サンドワーム
ロシア最恐のハッカー部隊

アンディ・グリーンバーグ
倉科顕司・山田 文（訳）

たった数行のコードが、世界の産業に壊滅的な打撃を与える。ロシアのハッキングによる重要インフラ攻撃とサンドワームと呼ばれる部隊の実像に迫り、本格的侵攻の前哨戦となったマルウェア感染を繙く。《WIRED》記者による調査報道。

徳川十六将
伝説と実態

菊地浩之

戦国最強と言われる徳川家臣団。酒井忠次・本多忠勝・榊原康政・井伊直政の四天王に12人を加えた部将は「徳川十六将」と呼ばれ、絵画にも描かれてきた。彼らはどんな人物だったのか。イメージを覆す逸話を紹介しながら実像に迫る！

「奥州の竜」伊達政宗
最後の戦国大名、天下人への野望と忠誠

佐藤貴浩

18歳で家督を継いだ伊達政宗は、会津の蘆名氏を滅ぼし、南奥の諸家を従えるも、秀吉の天下統一の前に屈する。その後、豊臣、徳川に従うが、たびたび謀反の噂が立った。膨大な書状から、「野望」と「忠誠」がせめぎ合う生涯をひも解く。